無障礙
暢遊歐洲

U0018612

目錄

Contents

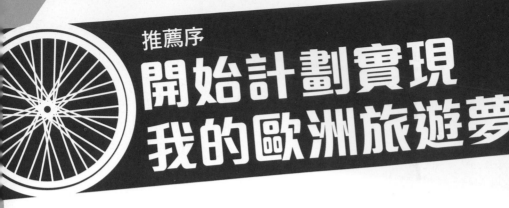

開始計劃實現
我的歐洲旅遊夢

　　有時候可能只是讀了一本文學小說，或者無意間在網路上瀏覽到關於旅遊的某篇文章，又或者看著行腳節目主持人揹著背包，表情誇張地介紹他的旅行大小事……，這種種媒介無形的影響，讓人對和自身不一樣的文化和地方充滿好奇心，並驅使自己拿起行李箱前往另一地方看一看。

　　但是一個坐輪椅的人，想要實現他的旅遊夢，可不是件說走就走如此簡單的事。看了小貓栗帶著坐輪椅的宅媽玩歐洲的分享，讓我想起自身的旅遊經驗。出發前，行程規劃的每個小細節都需要思考再思考，從最基本的需求開始，選擇輪椅的種類就得考量舒適性、適應當地的路面環境、移位和便利性；還有如何解決上廁所這種小問題大煩惱，身為坐輪椅的女性，每次出門前我得先在腦海裡想好可以執行的各種方式、演練不同的方法，以應變沒有無障礙廁所而產生的窘境（還好現在除了尿布外，市面上已有專為行動不便的女性所設計的產品）。除此之外，還得考量當地觀光地點動線和輪椅可使用的交通方式、飯店和其衛浴設備適不適合輪椅進出和使用、長途的交通對體力的難受不適，以及不時觀察隨行陪伴人的疲累程度，而可能造成彼此互動的緊張關係等等問題。可是，經歷這一切的「麻煩」之後，就如同宅媽在〈前言〉裡提的，當在旅途中，眼前的那種處處新奇又興奮的心情和種種美好的事物，對比行動上的不便而言就算不了什麼了。

　　小貓栗帶著宅媽遊歐洲，讓我看見他們帶著自身的勇氣和積極的行動力，還有在旅途中所遇到問題的隨機應變智慧，這本書更提供輪椅使用者詳細的旅遊歐洲資訊，歐洲旅遊對行動不便的長者、輪椅族，不再是浪漫的奇想。

　　嗯，我該開始計劃實現我的歐洲旅遊夢！

插畫家 鄭鈴

只有障礙的環境，沒有障礙的人

　　行無礙協會從 2006 年開始推出無障礙旅遊，如：賞鷹、賞蝶、生態導覽、博物館散步、東京輔具大展、划獨木舟等等。每一次活動都讓我們更堅信，只要有完善的輔具、人力與行程規劃，障礙者可以跟其他人一樣享受旅遊的樂趣。

　　事實上，出門旅遊，從搭乘的每一樣交通工具，所到每一個景點、每一份餐點、每一個落腳的宿舍，都是旅程之所以精采的元素，要成為觀光服務業的一環，不能不思考如何提供合理的輔具與服務接待障礙者，同樣的，帶著輪椅一起旅行，也無法對這些過程的障礙與無障礙視而不見。

　　偶爾，我們甚至錯覺地以為自己是去考評督察一樣，這個無障礙可以得幾分、那個無障礙及不及格……，都是旅程中討論最多的項目。我們根本不必帶著勘檢表出門，因為，輪椅上的我們本身就像是一把尺，毫不掩飾地量測出環境中的真偽虛實。

　　旅遊中，我們會將這些伴隨著喜怒哀樂的難得體驗分享給其他人。貓栗因為帶著長輩出遊而寫了這樣一本書，她所分享的正是這樣的一個理念。書中貓栗也從自身的需求，關照到了飯店旅館無障礙的需求，不僅僅是客房的無障礙，溫泉 spa 的下水輔具能讓長輩更容易親近設施享受服務，這些都是臺灣還未盡完善的，業者還以為這些需求是少數，必須付出高成本代價才能做到。

　　貓栗的書也是這樣的分享，每一頁都是寶貴的經歷、重要的資訊。此刻，貓栗的旅遊書出版，我們很高興竟能看到不是「同溫層」的朋友來關心無障礙旅遊的需求，這似乎並不常見。然而，我們更期望有一天，這些都變得容易，再也不稀奇。

社團法人臺北市行無礙資源推廣協會　鯉綺

身障者也能享受出國的樂趣

環遊世界，是許多人的共同夢想；想像，很容易，但實踐很難。小貓栗帶著宅媽遊歐洲，讓我們看見，實踐夢想的過程中，所需要的堅強毅力與勇氣。

身心障礙者能夠像一般人一樣，擁有外出遊玩、參與社會的權利嗎？聯合國身心障礙者權利公約（The Convention on the Rights of Persons with Disabilities, CRPD）的制定，給了一個明確且正向的答案。其中，「無障礙設施」及「輔具」是兩個很重要的項目。CRPD第九條規範的「無障礙」，說明了身心障礙者應該在與其他人平等的基礎上，無障礙地進出物質環境及使用交通工具。不過，在現今的歐洲社會，部分公共及交通設施，或由於建築結構因素，或成本考量，仍未全面具備無障礙設施；這樣的脈絡來看，益發彰顯《無障礙，暢遊歐洲》這本書的價值。透過小貓栗帶著宅媽遊歐洲，一切準備細節的介紹，讀者可以

清楚知道，如何查詢無障礙交通相關資訊，以及其他配套措施。例如，在介紹捷克的交通資訊時，「TIPS」便告訴讀者，行動不便身心障礙者適合的交通搭乘方式，增進了身心障礙者社會參與及休閒生活的機會。

另外，「輔具」更是實踐身心障礙者權利保障不可或缺的重要項目；也因此，小貓栗及宅媽詳盡告訴讀者，遊玩歐洲時，對於輔具的準備，應該有哪些注意事項。例如，輪椅的尺寸大小、舒適及方便性等，或相關生活輔具的準備（如集尿袋）；甚至，在介紹一些特殊景點時，小貓栗及宅媽更貼心提醒讀者，為因應顛簸的石磚路面，輪椅座墊應該鋪厚一點。這些經驗談，對於想要出國遊玩的身心障礙朋友來說，絕對是相當實用的資訊！

在 21 世紀的當下，誰說身心障礙者就只能封閉在家？透過許多無障礙設施及輔具的協助，身心障礙者同樣也能享受出國遊玩的樂趣！《無障礙，暢遊歐洲》的出版，是實踐身心障礙者權利保障的重要一步，值得社會大眾閱讀與分享！

國立陽明大學 ICF 暨輔助科技研究中心 李淑貞主任

集氣：勇敢踏出夢想的第一步

本書中的宅媽年輕時一點都不宅，跑步跳舞、爬山露營、畫畫寫生，樣樣參與。但自從生病以來，開始了二十多年漫長的輪椅生涯。曾經上山下海，玩得比任何人都瘋的她，而今只剩麻木的雙腳與久坐疼痛的臀部。平日生活起居須靠旁人協助，行動非常不便。漸漸地宅媽除了出門上班，幾乎都待在家中，甚至因擔心可能製造麻煩而不敢奢想踏出窄小的生活圈。然而在貓栗長期的鼓舞，以及得到了貓栗指導教授的支持下，終於說動宅媽重拾那顆敢玩、敢冒險的心。實踐了到歐洲遊歷的夢想。

雖然事前籌劃這趟旅程時，已查找好許多旅遊相關資訊。但到了當地，仍發生許多意想不到的意外與驚奇。深深感覺即使是一些枝微末節的小事，都可能導致身障者在旅途中遭遇困難。所以回國後，我們開始著手寫書。希望將帶回的實地資訊與經驗，加上宅媽的口述與感想，能讓更多行動不便的夢想家，勇敢踏出第一步。並且透過此書，得到許多正面能量，不怕面對艱難，活出完美人生。

貓栗

前言
宅媽的話

　　這次出國的起因是丫頭要去參加國際會議，要我們也一起去。當她跟我說時，還以為是在開玩笑。當時我考慮了很久，心想，出遊對身障者來說已是一大麻煩，更何況是出國。自從生病後，從來不敢想會有那麼一天，到那麼遠的地方遊玩。

　　直到一行人真的充滿憧憬地坐了飛機，踏上這片美麗的土地，才驚覺，將近二十載的夢想終於實現了。那些華麗的宮廷、靜謐的花園，再也不是透過電視節目欣賞而已。在國內，永遠無法想像歐洲中世紀宮廷腹地有多遼闊；在美術館內，寬廣安靜、不受干擾的環境下恣意欣賞巨幅畫作時的震撼與感動；到阿爾卑斯山的滑雪場坐會爬山的捷運及纜車時，既新奇又興奮的心情……。那些從前只能眼巴巴地看著的鏡頭下風景，如今都一一映入眼簾，伸手即可觸及。

　　然而，在這些美好的過程中，我們也碰到許多堪稱驚悚的意外。譬如：上廁所時（四處找不到身障廁所）；坐地鐵、公車、火車時（望著又高又長又快速的手扶梯而卻步，老舊的車站甚至連手扶梯都沒有），住宿時（電梯容量很小進不去、洗澡間採乾溼分離、廁所內無排水孔）……等。尤其在國外，這些問題對於身障朋友而言，是會帶來莫大困擾的。

　　而事實上，這些不便，是由於資訊的不流通而造成的。但對於這些資訊，翻遍國內旅遊書，卻沒有一本有提及。因此回國後，我與丫頭決定將我們自身的經驗與資訊，彙整成一本專為身障朋友書寫的旅遊書。希望能鼓勵或幫助一些懷抱夢想，但還未行動或害怕而不敢出遊的朋友，或想帶身障家人出遊的朋友。讓環遊世界對我們身障者而言，不再只是痴人說夢話。

宅媽

歐洲解碼

PART 1

行前準備

證件

護照

　　在進入歐洲境內前，需特別注意護照的有效期限。許多國家明文規定，從預計離開的隔日算起，得具有3個月以上的有效期。如若有效期限未超過3個月，則海關官員有權拒絕放行。

申根簽證

　　自民國 100 年起國人即可以免申根簽證方式進入歐洲申根區，共有 27 個申根國家。因此可以免持簽證至東歐觀光、探親、短期求學等。但若欲在歐洲申根國家每六個月停留期限超過 90 天者，不論單次或多次累計，仍須至相關國家駐臺機構或使領館申請辦理申根國家的居留證或長期簽證。

歐洲申根國家
　　包括德國、奧地利、比利時、塞浦路斯、丹麥、西班牙、愛沙尼亞、芬蘭、法國、希臘、匈牙利、義大利、拉脫維亞、立陶宛、盧森堡、馬爾他、荷蘭、波蘭、葡萄牙、捷克、斯洛伐克、斯洛維尼亞、瑞典，以及非歐盟成員的冰島、列之敦士登、瑞士和挪威。

保險英文證明

　　旅遊醫療保險並非為歐洲申根國家入境的必要條件。但是由於歐洲醫療費用昂貴，為保障旅遊期間旅人的自身安全與權益，仍建議出發前購買合適的旅遊醫療保險。必要時也可要求保險業者提供保險英文證明文件（Certificate Of Insurance, COI），與護照一起隨身攜帶。倘若意外不幸發生，即可在國外醫療院所就診時主動向院方出示告知。

TIPS

歐洲入境所需相關文件

　　移民官有時可能會額外要求入境旅客，提供旅館訂房確認紀錄與付款證明或親友邀請函、旅遊行程表及回程機票，以及相關財力證明文件等。建議旅客預先備妥，並隨身攜帶。

身心障礙手冊英文證明

　　相關文件作業屬各縣市政府社會局之權責。如欲辦理身心障礙手冊英文證明，請備妥下列文件，並於各縣市政府社會局網站下載申請表等資料，至各縣市身心障礙者需求評估中心辦理。

1. 申請表。
2. 身心障礙手冊、國民身分證影本各乙份。
3. 身心障礙者之護照影本乙份。
4. 身心障礙者 1 或 2 吋照片 1 張（視各承辦單位要求檢附）。
5. 委託他人代為申請者，應檢附委託書，被委託人應備國民身分證及印章。

國際學生證（International Student Identity Card, ISIC）

　　凡十二歲以上在校學生皆可至財團法人康文文教基金會、飛達旅行社、臺北國際青年會館、STA 學生青年旅遊網等機構辦理國際學生證。持證至許多參觀景點可享有折扣，如：大眾交通工具、電影院、劇院、博物館、住宿等，通常都有提供學生優惠價格。

國際駕照

　　持護照、身分證、中華民國駕照正本及 2 張 2 吋大頭照與申請費，至全臺監理處所辦理國際駕照。在填妥汽機車駕駛人審驗暨各項異動登記書，並繳納手續費用後，當場即可發照。

機票與飛機

　　一般自由行可以自行上網訂機票或找旅行社代訂，現在市面上也有許多機票加飯店的促銷優惠活動，選擇非常的多。雖然交給旅行社處理可以省去不少麻煩，但實際上不少旅遊業者，也並不十分清楚行動不便者的需求。再加上自 90 年代後，全球許多民營的航空公司如雨後春筍般出現，帶動一波激烈的廉價航空戰爭，並造就了現今許多背包客自行購買機票的潮流。

　　以下將提供不論是自行上網訂票或是找代訂的讀者，對於不習慣長途跋涉的身障旅客而言，一些搭乘時可能會遇到的情況，與可多留意的幾個注意事項，將能使旅途更加順利、玩得更為安心。

步驟一、訂機票

轉機、停留次數

　　有時為了便宜的機票，會選擇轉機次數較多的航班。但由於乘坐輪椅上下飛機有些不便，因此建議選擇轉機次數較少的航班，可以減去許多不必要的麻煩。更重要的是轉機的機場，是否為有提供乘輪椅者轉機服務的國際機場。此外需要特別注意，若是買到註明「直飛○○，於╳╳機場停留」的機票，指的是在╳╳機場停留時，所有乘客（包括行動不便者）都需要下飛機後再重新登機。

總飛行時數

　　比起一般人，飛行時間也是令行動不便者望而卻步的因素之一。從臺灣飛往東歐一趟，總飛行時數約莫十幾小時。以臺灣桃園國際機場至維也納國際機場為例，在曼谷停留約莫一小時，總飛行時數為十六小時。除了機場有公共殘障廁所外，飛行途中沒有無障礙廁所能讓行動不便者行個方便。所以必要時可選擇使用導尿管與尿袋，並且於出發前讓勇士多上幾次廁所，免於在機上換尿布等等麻煩。

座位

　　不論是自行上網訂位，或透過
旅行社購票，若能事前告知航空公
司有行動不便者欲搭乘，可讓業者
先行安排合適的座位。此外，對不
同機種，適合的座位也有所不同，
如果是要搭長程飛機，最好選擇可
以放下椅背的座位，讓行動不便者
背部和臀部的壓力得以舒緩。通常
每個機艙的第一排因較靠近登機門

或逃生門，會有較大的座位空間，所以如果是搭短程航線的旅客，則建議選擇前排座位。

　　此外，倘若選擇廉價航空則需要注意，部分飛行短程的飛機因走道窄小，可能會碰上
輔助輪椅無法協助抵達座位的情形。若不想加價事先劃位，建議提早到機場辦理登機手續。

步驟二、出發前三個月

電動輪椅相關文件

　　由於各家航空公司規定不同，務必事先弄清楚航空公司攜帶輪椅的注意事項。並於訂購
機票後，主動聯絡航空公司與往返的機場，提供業者輪椅長、寬、高、重量及電動輪椅之電
池型號、瓦數等相關資料文件。前往機場前，將文件影本備妥，於登機時提供地勤人員查證。

　　一般而言，若在出發前三個月先行向航空公司聯絡，呈報有運送輪椅的需求，則此輪椅將
比照大型行李運送，不占原託運行李數量。在訂機票時，亦不需額外加價購買大型託運行李。

　　由於國際民航組織（ICAO）理事會於 2015 年 4 月 1 日起，修訂了空運鋰電池的國際技
術規範。雖然此規範僅禁止使用民航客機運輸不連同設備的鋰金屬電池，但部分航空公司卻
一同更改了禁止攜帶之鋰電池的規定。將原先禁止的五種鋰電池，增加至二十多種型號。造
成許多原本可託運的電動輪椅，皆被列為管制。因此若購買廉價航空之旅客，需特別注意航
空公司之行李規定。若對託運規定有任何疑慮，也請洽詢該航空公司之客服人員。

步驟三、出發當天

抵達機場時間

　　輪椅於託運時被歸類為大型行李，有一套特有的 SOP 流程，登機所需時間較長。所以建議於飛機起飛前兩個小時到機場，以避免耗時過久，乘客於後續過境出關、搭機較趕。

登機手續

　　在臺灣、日本、曼谷、歐洲各國等國際機場辦理登機手續時，通常地勤人員會幫忙一起處理輪椅託運問題，並讓勇士改使用機場專用的普通輪椅。

　　需要特別注意的是，大型（鋰）電池禁止隨身攜帶上飛機，並且託運前需另外呈報航空公司。託運時，會被要求將其確切絕緣、斷電。因此，若要託運電動輪椅，請記得隨身攜帶電動輪椅之電池規格、型號等相關文件，並確保其他團員中有人可以協助處理收納等相關事宜。

手提行李		
備用鋰電池應用	瓦特小時或鋰容量	數量限制
手提電腦、相機、手提電話、手提攝錄機、手錶、零售包裝之電池	≦ 100watt-hour（瓦特小時）或 2g（克）	每人不可攜帶超過 20 件備用電池
商用攝錄器材、流動醫療設備	＞ 100 ≦ 160watt-hour（瓦特小時）	每人不可攜帶超過 2 件備用電池
電動單車、個人自動平衡交通工具（包含電動輪椅）	＞ 160watt-hour（瓦特小時）	禁止

　　託運時，建議攜帶輪椅和電池拆卸工具，以及寬膠帶或繩子。為方便託運與減少碰撞傷害，請盡量將輪椅綑綁固定，再交由地勤人員託運。等輪椅順利託運後，需將工具收回行李箱（切記拆卸工具無法隨身攜帶上機）。在確保所有行李過了檢驗閘口後即可離開。

登機

多數國際機場會派地勤人員協助行動不便的旅客出關，一路抵達登機口，甚至在確保旅客上飛機後才離開。

登機時，身障者及一名陪同者需先行登機，因此建議等待登機時切勿走遠，並提前 10 至 20 分鐘回到登機閘口。

抵達機門時，需再換一次機上使用的特製小型輪椅，方便協助身障者穿過飛機走道。

選擇搭乘廉價航空則需要注意，部分廉價航空並不支援機場輪椅。若需要此項支援可能被額外收取服務費，並且有機會碰上因飛機走道窄小，輔助輪椅無法協助抵達座位的情形。

登機閘道

在搭飛機時，偶爾會碰上沒有登機閘道的情形，遊客需自行走樓梯下飛機。一般來說，這種情況在沒有安排機場閘道口的廉價航空比較容易發生。為避免無法自行上下機的事件，一般國際機場會備有輔助升降電梯。但仍建議欲搭乘廉價航空的身障旅客，在出發前向航空公司聯絡外，亦需向機場客服聯絡，以確保沒有上下飛機的問題。

停留及轉機

通常不論是停留或轉機的乘客,包括行動不便者,都需要重新登機。而在國際機場停留或轉機也都會有地勤人員前來協助。以曼谷國際機場為例,當飛機抵達機場,所有乘客下飛機後,機場地勤人員就會前來幫忙。貼心的地勤人員會一路護送勇士通關到另一個閘口登機,直到勇士上機後才離開。

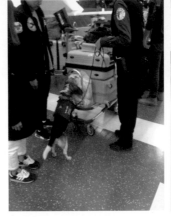

抵達目的地

一般情況下,在抵達歐洲國際機場後,空服人員會先行讓其他乘客下飛機。等到一切就緒後,機場地勤人員旋即推著機上特製輪椅出現,從下飛機、換機場輪椅、入關、領行李(同時也領回自己的輪椅),全程也都有辛苦的地勤員陪伴。換回自己的電動輪椅,並確保沒有任何受損後,充滿刺激的歐洲冒險行程就此展開!

電動輪椅租借

　　由於旅途中不免長途跋涉，且在攜帶託運行李進行景點與景點間轉換時，很難空出人手幫忙推輪椅，所以租借電動輪椅時，大小、舒適度與方便性便成為主要考量重點。

　　雖然較寬大的輪椅乘坐起來較為舒適，然而考量到歐洲許多房子、旅館都是後來加裝容量通常偏小的電梯，因此選用較窄（約 15 吋）座寬的輪椅反而較為方便。此外，出門在外不免會碰到少數階梯阻礙，因此對於身障者而言，擁有較大的後輪與較高底部的輕便型電動輪椅，或外接拖引工具的電動輪椅都是不錯的選擇。

INFO

臺灣提供（電動）輪椅租借的幾個機構
- 行無礙：http://www.sunable.net/
- 八福：http://www.8-fu.org/ap/index.aspx
- 衛服部輔具資源入口網：http://repat.sfaa.gov.tw/index.asp
- 各縣市輔具資源中心網站

TIPS

電動輪椅租借
　　歐洲地區電梯通常較小，輪椅最好選擇小於 15 吋的。例如：我們選擇租借崴鴻 30 公斤的輕便型輪椅，雖然一開始曾擔心乘坐起來的舒適度問題，但最後這個大小反而在整趟旅程中意外地方便。

　　臺灣目前於行無礙、八福，以及各縣市政府設立的輔具資源中心等機構皆可以租借到代步（電動）輪椅。但由於租借人數眾多，建議在確定出國時間後盡快預訂。

　　租借輪椅時，可以向租借公司索取輪椅尺寸、電池型號、瓦數等相關資料，以便與航空公司聯絡。

訂房比一比

　　基本上對於喜愛自助旅行的背包客而言，找房並不是件難事。但對於身障朋友，在訂房時要注意的事項可不少。尤其是在生活習性略有不同的歐洲，首先會碰到的三個關鍵為旅館交通、進出問題與盥洗設備。

1. 交通：由於歐洲部分國家大眾運輸系統歷史較為悠久，偶爾會碰上沒有無障礙設施的情形（如：部分地鐵站沒有電梯）。

2. 進出：許多歐式建築住宅是由數十年到數百年的老建築改建而成。所以即便有電梯，也時常會碰到電梯太小、電梯不在平地一樓，或電梯無法到達頂樓等情形。

3. 盥洗：歐洲衛浴設備多數強調乾溼分離，只有淋浴間或浴缸內有排水孔，出了淋浴間外則沒有。且部分旅館民宿的衛浴設備與廁所設計為分開兩間。

TIPS

　　訂房時需格外注意旅館附近交通。可配合當地相關網站提供的市區交通資訊來訂房及規劃行程，以避免乘車麻煩。

TIPS

　　即使標榜有電梯的旅社，仍建議行動不便的旅客主動向飯店確認身障者抵達房間是否有任何階梯阻礙，電梯大小是否容納得下輪椅進出。

TIPS

　　若無法自行起身行走，洗澡需有旁人協助坐在馬桶、椅子上時，建議事先向飯店確認其衛浴設備是否方便使用，並隨時做好擦澡的心理準備。

　　由於歐洲天氣不似臺灣潮溼酷熱，整體偏乾冷，且空氣品質較好。因此喜愛乾淨的宅媽認為，若碰到無法洗澡的狀況，一、兩天擦澡一次是勉強可以接受的。

各房型比較

房型	優點	缺點
新式飯店	1. 平均舒適度較高 2. 有櫃檯服務人員	1. 以房間或人數為單位計價,價位高 2. 多數衛浴設備為乾溼分離
旅館	1. 有櫃檯服務人員	1. 以房間或人數為單位計價,價位偏高 2. 旅館部分為老屋改建,電梯可能不在一樓或無法抵達高樓層 3. 多數衛浴設備為乾溼分離
青年旅舍	1. 有櫃檯服務人員 2. 部分有公用烹飪設備 3. 部分有公用洗衣機	1. 以人數為單位計價,較難講價 2. 多為公共衛浴設備,並以浴廁分離之淋浴間為大宗 3. 床位為上下鋪
民宿 公寓 日租套房	1. 有私人烹飪設備 2. 多人分攤可壓低價位 3. 有機會碰到熱情的房東	1. 需事前告知入住時間與聯絡電話 2. 電梯(若有)設計通常較窄小 3. 偶爾會碰到無法以英文溝通的房東 4. 多數衛浴設備為乾溼分離 5. 可能會酌收清潔費

021

實用訂房網站

・Booking.com

有詳細的旅館資訊、照片及客戶評比。網站不收任何手續費，並且設有國際免付費客服專線。若有任何疑問或碰上糾紛時，可聯繫專員協助排解問題。多數旅店提供在一定期限內取消訂房的權限，故可於下單後透過訂房網站與旅店聯繫。

・Airbnb

提供許多日租套房資訊，對於人數較多、住超過 3 ～ 5 天以上的旅客較為優惠。亦有照片及客戶評比，可供參考。有機會與房東議價，但多數訂房後即無法退費，且網站會酌收 6 ～ 12%不等的手續費。

・旅遊發展局官網

許多國家的旅遊局官網有提供在線查找住宿資訊的服務，並可直接勾選無障礙房型的搜尋條件。相較於其他訂房網站，有較多當地無障礙旅店資訊，方便身障者尋找使用。

・Booking.com：http://www.booking.com/
・Airbnb：https://www.airbnb.com.tw/
・匈牙利旅遊發展局：http://cn.gotohungary.com/
・瑞士旅遊發展局：http://www.myswitzerland.com/

烹飪設備

　　在歐洲若要天天上餐館會是一筆相當大的開銷，再加上擔心吃不慣歐洲的食物，因此找可以開伙的住宿是我們的首選。當然，也可以找有附早餐的旅館，也是不錯的選擇。

信用卡

　　記得攜帶訂房時擔保使用的信用卡。有些旅館不接受別張信用卡，或會要求額外收手續費。

整理行囊

行李清單

隨身行李	日常用品
□護照、護照影本、大頭照 □手機、充電線、行動電源、相機 □電子機票、登機所需文件（電動輪椅電池資訊） □車票、少量臺幣 □信用卡、歐元或當地貨幣 □旅遊書、行程表、筆 □空水瓶、水壺（登機前清空）	□盥洗用品（肥皂、沐浴乳、洗髮精、洗面乳、牙刷、牙膏、牙線、刮鬍刀） □電腦（含充電器） □相機之記憶卡、電池、充電器、腳架 □吹風機、萬用插座二個、延長線 □衛生紙、溼紙巾 □乳液、防晒油、護脣膏（嘴脣容易乾裂者） □指甲剪、雨衣、折疊式雨傘 □衣架（晾衣服）、大塑膠袋（裝髒衣服）

個人用品	飲食
□化妝品、卸妝油、髮蠟 □隱形眼鏡、墨鏡 □個人換洗衣物、內衣褲、衛生棉 □拖鞋、毛巾	□電湯匙、鋼杯、小電鍋 □泡麵、麵條 □鹽、醬油、咖哩（小包裝） □沖泡包、薑茶（天氣冷時建議）

其他	緊急聯絡資料
□輪椅託運用品（拆卸工具、大膠帶） □個人藥品（胃腸藥、止瀉藥、止痛藥、抗生素、抗過敏藥、感冒藥、抗組織胺、優碘、生理食鹽水、小護士、OK繃、紗布等） □剪刀	□護照影本、大頭照 □抄下信用卡卡號及聯絡電話於另一張紙上，萬一信用卡遺失，可立即申請止付 □列印所有票券和預備的時刻表、飯店資料

TIPS

行李箱

　　由於乘輪椅者可能較不方便騰出手來提物品，行李部分可能得由其他團員幫忙負責分擔。因此建議使用四輪、可以平推的行李箱，景點與景點間移動、奔走時較不費力。

飛機託運行李重量限制

　　除了廉價航空之行李限重有較嚴格的規定外，只要行李沒有過分超重，一般航空公司較不會刁難身障者的託運行李問題。

　　通常輪椅是以大型行李託運來運送。雖然無法跟隨身障者一同上飛機，但也不會額外收託運費用。詳細託運情形請參閱「機票與飛機」章節（見 P.14）。

跨國火車交通資訊

　　若要在歐洲走訪很多個國家或城市，通常火車會是最佳的交通工具，可以直達各個國家的首都及主要城市中心。所以來歐洲旅遊前，得加深自己對這個大眾運輸系統的認識。

　　每個國家除了有各自營運的國家鐵路局外，還有一些私人營運的火車公司。而不同國家的火車購票、劃位、乘車方式，以及車站殘障設施的設置、所提供的車種都有所不同。越清楚了解這些資訊，到了當地就能得到越多的資源，旅程也就越暢快無阻。

步驟一、查詢班次、車種

　　歐洲火車發展已有近三百多年的歷史。如此長的時期，造就了有很多不同種的火車運行於歐陸之間。包括跨國跑長途的高速鐵路、有夾層的雙層列車、底盤較高的舊型火車、在鄉鎮間穿梭的區間車、夜間行駛的臥鋪列車等等。

　　不同的車種會有不同的輔助乘車工具。大致上可區分為舊型高底盤車種、新型高底盤車種、低底盤火車。其中新型高底盤車種會隨車配有電動輔助升降梯，由車長協助使用搭乘。而舊型高底盤車種則沒有這項設備，需協同站務人員手推外接式升降梯輔助，方可搭乘。低底盤火車則是屬於較新型的車種，其底盤高度與月臺高度相同，輪椅可自行上下火車。因此很多時候在查詢火車班次時，除了可查詢是否有輪椅標誌外，亦可透過車號前的英文縮寫來進一步辨別是哪一種火車。

查詢火車班次實用網站與手機 APP

　　由於歐洲各個國家有各自營運的鐵路公司，因此通常使用出發地的國鐵網站查詢為主，有時欲橫跨多個國家時，就會造成一些查詢上的困擾。推薦旅客除了可以至各國鐵路公司（如：德國鐵路公司的 Deutsche Bahn）或經銷商官網查詢外，亦可於手機下載 Rail Planner 這個免費 APP，即可獲得離線查詢歐鐵班次、時間等功能的服務。

在 61 席的男人（The Man in Seat Sixty-One）

　　「在 61 席的男人」是一個有詳細歐洲火車種類介紹的實用網站，為熱愛火車的馬克史密斯（Mark Smith）先生私人經營的英文網站。由於史密斯先生曾在歐洲鐵路公司任職很長一段時間，對於火車有非常深入的了解。在他所架設的這個網站內，有行駛於全球各大城鎮的火車車種詳細介紹，以及許多火車乘車資訊。

・在 61 席的男人網站：http://www.seat61.com/

　　對於身障者而言，最怕的就是遇到底盤過高的火車。光是上下車就有很大的障礙，再加上對歐洲鐵路的不熟悉，會讓許多勇士望而卻步。但其實歐洲旅遊使用鐵路運輸非常方便，也有許多對身障人士相當優質的服務。

　　一些跨國路線的火車車廂內也備有大間的殘障廁所、簡易餐廳與多人座包廂等等，整體質感甚至比高鐵要來得新穎及舒適。

步驟二、網路／售票機／櫃檯窗口購票

　　火車是在歐洲旅遊時主要的交通工具之一，因此歐洲營運的火車公司非常多，販賣的票種更多。再加上有非常多方式可購買到火車票，旅行社代訂、網路、售票口與售票機購票等等，使用不同的售票方式，搭配的選擇也都不同，有時真的會讓旅客看得眼花撩亂，無從下手。通常，在歐洲境內遊玩，較省事的方式為請國內旅行社代訂「歐洲火車通票（Eurail Pass）」。雖然需酌收手續費，且價格偏高，但可以省去不少比價、排隊買票的時間。

　　然而，由於許多鐵路局不時會於網路上釋出優惠票種，因此在各鐵路公司網站上購票，或是到當地售票窗口購票，反倒可以取得較多的優惠資訊，讓旅客

購買到真正便宜實惠的車票。此外，近年來許多鐵路公司也有推出自己的行動 APP，乘客只需事先上網進行登入作業，就可以使用手機一鍵購票的服務，非常方便。當查票人員前來查票時，以手機秀出購票證明即可，此舉著實省去大量排隊買票的時間，讓旅程更為快速便利。

歐洲火車通票（Eurail Pass）

歐洲火車通票為歐洲鐵路車票及通票經銷商推出的歐洲多國聯合票券，分多天、多國，或多人團體票 Einfach-Raus-Ticket 等。除了方便遊客不需額外花時間搞懂所有國家的購票系統外，也讓歐洲國與國之間的往來更加簡單頻繁。這種票可以在臺灣請旅行社代訂，或持護照前往各大車站或機場售票窗口購買。若請旅行社代訂會有非常詳盡的票種規定與搭配的優惠說明，但需酌收手續費。

歐洲國家鐵路公司官網

- 英國 UKR：http://www.nationalrail.co.uk
- 愛爾蘭 IE：http://www.irishrail.ie/
- 法國 SNCF：http://www.sncf.com/
- 德國 DB：https://www.bahn.de/
- 義大利 FS：http://www.trenitalia.com/
- 荷蘭 NS：http://www.ns.nl/
- 比利時 SNCB：http://www.belgianrail.be/
- 盧森堡 CFL：http://www.cfl.lu/
- 葡萄牙 CP：http://www.cp.pt/
- 西班牙 RENFE：http://www.renfe.com/

- 瑞士 SBB：http://www.sbb.ch/
- 奧地利 OEBB：http://www.oebb.at/
- 瑞典 SJ：https://www.sj.se/
- 丹麥 DSB：http://www.dsb.dk/
- 芬蘭 VR：https://www.vr.fi/
- 挪威 NSB：https://www.nsb.no/
- 希臘 OSE：http://www.ose.gr/
- 捷克 CD：http://www.cd.cz/
- 匈牙利 MVA：https://www.mavcsoport.hu/
- 波蘭 PKP：http://pkp.pl/
- 愛沙尼亞 EVR：http://www.evr.ee/

歐洲其他火車票經銷商官網

- Eurostar 歐洲之星：http://www.eurostar.com/
- Thalys 西北列車：https://www.thalys.com/
- Eurail：http://www.eurail.com/
- Rail Pass：http://www.railpass.com/
- 臺灣代訂歐洲火車通票（Eurail Pass）的旅行社，可見飛達旅遊官網：http://www.gobytrain.com.tw/

歐洲火車通票（Eurail Pass）

在歐洲某些國家當地購買火車票會有相當多的優惠，如捷克、匈牙利等。此時，選擇使用國內購買的 Eurail Pass 只是省去當地排隊買票的時間，卻不一定比較划算。因此建議精打細算的旅客可事先確定欲前往的目的地，查找至當地購買車的票價，做足功課再購買。

 ① Europe

 ② London

③ Zurich

 ④ Vienna

步驟三、申報與劃位

歐洲鐵路買票與劃位是分開的，購買乘車票可保證可以搭車，但不保證會有座位。所以不想一路站著的旅客，必要時要事先劃位。而在歐洲多數國家劃位得額外收費，單人或團體票收費不同，4 €到 8 €不等，部分持頭等艙票種的乘客可免定位費。一般於網路買票時或出發前三個月內可選取預訂座位，或是一天前到櫃檯預訂。

此外，因部分車種輪椅席位於一等車廂內，座位數量有限。為避免無位可坐的情形，多數鐵路公司會要求欲使用輪椅席的身障者事先申報。而火車公司在收到申報後，會派專人協助安排座位，其中包含一個輪椅席和一個陪同席。為鼓勵行動不便的旅客提前申報，這項專為身障者提供的服務通常不會額外收取任何手續費用。

步驟四、乘車與轉車

歐洲鐵路車站通常沒有閘門管制，可自由進出月臺。

在使用新型高底盤車種的隨車小型簡易升降梯時，有一套標準 SOP 流程，請直接洽詢車長或站務人員協助使用。若搭乘沒有附設電動輔助升降梯的舊型高底盤車種時，應避免在無人車站上下車或轉乘。

大部分跑長程的車種車上設有充電插座、無障礙廁所等設施。提供電動輪椅等輔助器材充電，並讓行動不便者有較大的使用空間。

英國：
倫敦

PART 2

CHROME 22

SOUVENIRS • BODY PIERCING • TATTOO

DY PIERCING • TATTOO • JEWELLERY

ALDO

英國簡介

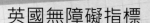

英國無障礙指標

大眾運輸
人行道路
景點無障礙設施
網路資訊
緊急醫療

- **國名**：大不列顛及北愛爾蘭聯合王國（United Kingdom of Great Britain and Northern Ireland）。
- **國際代碼**：GBR 或 UK。
- **首都**：倫敦（London）。
- **語言**：英式英語。
- **宗教**：全國約 60％的人口信基督教、5％信伊斯蘭教、1.5％信印度教，其餘 33.5％信其他宗教或沒有宗教信仰。
- **從臺灣出發時間**：從臺北到倫敦（在曼谷停留或香港轉機），約 16 ～ 17 小時。
- **時差**：夏季比臺灣晚 7 個小時，冬季比臺灣晚 8 個小時。
- **商店時間**：

  一般商店：星期一至星期六 09:30 ～ 18:00，星期日 12:00 ～ 17:00。

  大型超市：07:00 ～ 22:30，部分商店星期日 11:00 ～ 17:00 不營業。

  逢英國國定假日（or Bank Holiday）不營業。
- **貨幣**：英國通行的貨幣為英鎊，英鎊£1 ＝便士 100P ≒新臺幣 40.72 元（2016 年 11 月）。
- **電壓**：英國電壓 230V、頻率 50Hz。為三孔的 BF 式插座（不同於美規）。

· 氣候 & 節慶：

	春	夏	秋	冬

| 全年平均氣溫（˚C） | |

日均最高氣溫
日均最低氣溫

月份	三月	四月	五月	六月	七月	八月	九月	十月	十一月	十二月	一月	二月
平均降水總量（mm）	63	51	56	56	56	69	70	78	80	80	78	57
平均降水天數（天）	17	14	14	13	13	14	15	17	18	18	19	15

氣候與衣著	偶有寒潮及降雨，出門記得多帶件外套	氣候涼爽，夜晚出門可攜帶薄外套	天氣轉涼，偶有寒潮，十一月間可能出現溫度驟降的情形	冬天乾冷，偶爾下雪。穿戴禦寒衣物，並帶齊帽子、圍巾和手套
節慶	三月 1 日　聖大衛日 17 日　聖帕特里克日	六月 14 日　女王官方生日 21 日　夏至 26 日　開齋節 月中　倫敦美食節	九月　倫敦時裝周	十二月 13～20 日　光明節 25 日　聖誕節 31 號　元旦除夕 整月　聖誕市集、舞會
	四月 1 日　愚人節 15～17 日　復活節 23 日　聖喬治日	七月 七～九月　倫敦逍遙音樂節	十月 19 日　排燈節 31 日　萬聖節	一月 1 日　元旦 25 日　彭司之夜 一～二月　中國農曆新年街頭派對
	五月 1 日　五朔節 5、26 日　銀行假日	八月 4～12 日　威爾士音樂詩歌節 4～28 日　愛丁堡藝穗節 27～28 日　諾丁山狂歡節	十一月 5 日　篝火夜 12 日　陣亡將士紀念日 30 日　聖安德魯日	二月 14 日　情人節

- **飲用水：**

　　英國自來水經過層層檢驗，99%以上都是可以直接飲用，安全無虞，因此英國人通常是直接打開水龍頭裝水就喝。但出門在外，對於直接飲用飯店的生水仍會使人感到疑慮。且英國的自來水屬於硬水，其中含有大量的鈣鎂質。所以仍建議煮開過濾後再喝。

　　此外，依英國消費者保護法規定，一般餐廳須提供免費的水（Tap Water），如果要酌收杯子或濾水的費用，也須事先告知消費者。去餐廳吃飯時，也可以向服務生要 Tap Water 來喝。

　　當然若仍喝不習慣生水，也可以直接至超市買瓶裝水。有不含氣泡（Still）、含氣泡（Sparkling）水等多種選擇。

- **小費：**

　　若到餐廳用餐，有部分餐廳將會多收取帳單金額 10% 作為服務費。搭黑色計程車通常依照跳表的車資給司機 10% 小費。若司機幫忙提行李可多付他 1 英鎊。參加有導覽的健行或巴士觀光行程，於活動結束後每位團員可犒賞導遊 2～5 英鎊左右的小費。而旅館住房則不需要另外給小費。

- **生病就醫：**

　　在英格蘭，生病除了可以至藥局買藥外，白天可以至各地的醫療中心（NHS Walk-in Center），晚上可至大醫院的急診室（A & E）就醫。英國的一般門診看醫生是免費的，僅需要支付藥費。通常需等候 3 至 4 個小時不等。

- **急難救助：**

📞 英國急難救助電話 07768-938-765（24hrs），
　手機直撥（44）7768-938-765

📞 報警、消防電話 999

📞 駐英國臺北代表處電話 020-7881-2650
　地址 50 Grosvenor Gardens, London SW1W 0EB

英國火車交通資訊

英國火車搭乘指南

英國鐵路運輸系統在歷經上個世紀的分分合合後,現在有多達 30 家的鐵路公司,分別行駛於不同區域,各自經營著自己的線路。然而,基本上這些鐵路營運公司都受到政府管轄,其售票系統也皆可由英國國鐵(National Rail)官網平臺上查詢購買,大致上購票的程序和相關規定都差不多,並不會太複雜。

車種介紹

在英國主要行駛的火車車種有高速鐵路、長程快速、中長程快速、城際快速、區域列車及近郊火車等等。這些火車通常是以行駛的區域或路線命名,且 80％以上從大城市發抵的列車都有身障廁所和輔助設施。

實用路線搜尋網站與行動 APP

英國國鐵在官網、手機行動 APP 內輸入起訖站名和日期時間等資訊，搜尋頁面即會顯示可選擇的路線資訊。其中包括出發時間、站名、乘車月臺和轉乘次數等，以及顯示發車狀態，若顯示綠色勾勾為良好正常，黃色驚嘆號則可能為部分路段還不確定或遇到軌道施工維修等狀況。

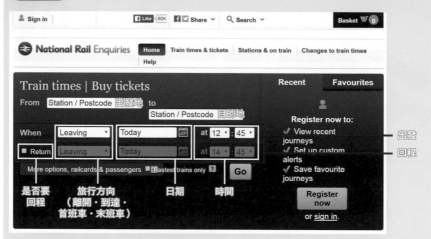

・英國國鐵（National Rail）官網：http://www.nationalrail.co.uk/
・英國國鐵官方 APP：National Rail Enquires。

不論是哪一種火車種，在查詢、購票或是乘車時都很少會顯示火車的代號。因此對於第一次搭英國火車的旅客，很難透過車票事先分辨車種。

購票

可使用下列方式購票：

1. 車站售票櫃檯。

2. 自動售票機。

3. 電話訂票。

4. 英國國鐵（National Rail）官網或各火車公司網頁購票。

英國鐵路運輸票價高昂，需提早兩、三個月前於各大鐵路公司訂票網站上搜尋促銷優惠票種，比較有機會買到較便宜的車票。

註冊

在英國國鐵（National Rail）官網選擇欲購買的票種後，會進入各家不同的火車公司購票。像購買機票一樣，各家火車公司可能會分別要求消費者先註冊。因此若不想一直註冊不同公司，可以在英國國鐵選購車票系統更改 Ticket Provider，選擇在同一家火車公司的頁面付款，即可避免得不斷註冊的情況。

火車票優惠折扣

1. **火車預售票（Advance）**：預售票通常於發車三個月前釋出，越早買越便宜。但必須搭乘指定時間之列車，且不能退票、換票。

2. **離峰票（Off-Peak）**：平日 09:30 後適用，分單程、一個月內來回兩種。退票會酌收手續費。

3. **火車卡（Railcard）**：有 16 ～ 25 歲的青年卡（16 ～ 25 Railcard）、雙人同行卡（Two Together Railcard）、家人朋友卡（Family & Friends Railcard）和身障卡（Disabled Persons Railcard）等。火車卡持卡購票可享 66 折的折扣優惠，可在網路申辦，或持護照和 1 吋大頭照至售票窗口辦理。每張酌收 £30 的工本費，需合乎該火車卡身分資格者方可申辦。

4. **團體票（Group Save Ticket）**：3 ～ 9 人團體可一起購買團體票，票價約為平常價格打 66 折。可於發車前購票，但無法與火車卡合併使用。

售票機取票

使用網路購票，並選擇至車站取票的乘客，需攜帶原購票的信用卡，以及車票訂單號碼 Reference ／ Reservation Number 到車站自動售票機刷卡取票。

火車通票（BritRail Pass）

　　為了方便至英國短期遊玩的旅客，Rail Europe 火車公司也有推出適用於 Heathrow Express、Gatwick Express 和 Stansted Sky Train 等列車的火車通票。

　　此種通票以行駛區域劃分成英格蘭、英國東南區、蘇格蘭以及全區火車通行證四種。並依照艙等、使用效期計算價格。

英國全區火車通票成人票價

適用天數	連續數天的（Swiss Travel Pass）		一個月內任選數天的（Swiss Travel Pass Flexi）	
	頭等艙	二等艙	頭等艙	二等艙
3 天	263 €	174 €	327 €	222 €
4 天	327 €	216 €	402 €	277 €
8 天	466 €	313 €	591 €	397 €
15 天	689 €	466 €	883 €	597 €
22 天	875 €	583 €	—	—
1 個月	1,036 €	689 €	—	—

＊英國全區火車通票官方網站：*http://www.raileurope-world.com/*

申報與劃位

　　英國火車通常在購票時即可選定座位，並不需要花費額外的費用。然而由於車站月臺高度不一，所以即便是低底盤車種也有可能需要輔助拖板協助。需要乘車協助的身障者需於乘車 24 小時前先行申報。

　　有三種管道可以進行申報，並獲得協助乘車的服務：

1. 多數火車公司網路售票系統，會顯示是否需要額外協助（Assistance request）的選項，此時即可點選需要協助的站位與所需要的協助。

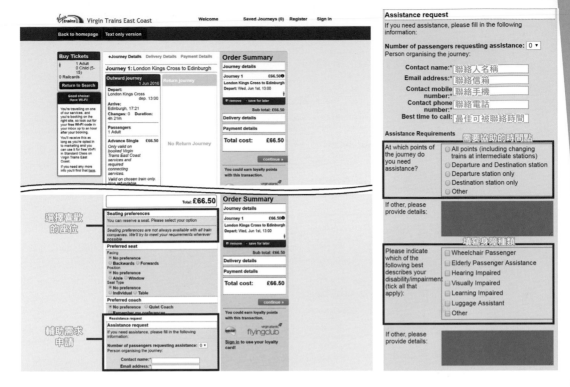

2. 於乘車 24 小時前至各火車公司官網或撥電話聯絡客服。

火車公司	客服電話	火車公司	客服電話
Abellio Greater Anglia	08000 282 878	London Overground	0343 222 1234
Arriva Trains Wales	0333 005 0501	Merseyrail	0800 0277 347
c2c	01702 357 640	Northern	0808 1561 606
Caledonian Sleeper	0330 060 0500	ScotRail	0800 912 2901
Chiltern Railways	03456 005 165	Southeastern	08007 834 524
CrossCountry	0344 811 0125	South West Trains	0800 528 2100
East Midlands Trains	03457 125 678	Southern	0800 138 1016
Great Western Railway	08001 971 329	Thameslink	0800 058 2844
Gatwick Express	0800 138 0225	TfL Rail	0343 222 3456
Great Northern	0800 058 2844	TransPennine Express	0800 107 2149
Hull Trains	0800 316 1323	Virgin Trains	08000 158 123
Island Line	0800 528 2100	Virgin Trains East Coast	03457 225 225
London Midland	0800 092 4260		

3. 英國國鐵（National Rail）專為身障者設計的網路平臺上也有相關申報服務，僅需上此網
站填寫電子申請表即可。

· 英國國鐵身障者官方服務網站：http://www.disabledpersons-railcard.co.uk/

Assisted travel form

Note: Only assistance requests for journeys more than 24 hours in advance can be made using this screen

Your details

* Denotes a required field

Title: *	--Select-- ▼ 稱謂
Forename(s): *	名字
Surname: *	姓氏
Day time phone: *	白天連絡電話
Mobile phone:	
Text phone:	
Address line 1: *	地址
Address line 2:	
Address line 3:	
Address line 4:	
Postcode: *	郵遞區號
Country: *	United Kingdom 國家 ▼
Email: *	信箱
Confirm email: *	信箱確認（需與上面完全相同）

乘車

　　較大的火車站（如：倫敦 York、Brighton 等）通常都設有服務中心（Rail Information Center），身障者可前往尋求協助。車站服務人員會陪同抵達月臺，並幫助身障者乘車。而多數火車上都隨車配有輪椅乘車系統、輪椅席和寬敞的殘障廁所，空間也相當寬廣舒適。

乘車協助

　　由於許多車站月臺與火車底盤間高度不一，所以即便是低底盤車種也有可能需要輔助拖板的協助。因此建議乘輪椅者若不清楚起訖站是否方便通行，可事先與火車公司聯絡。

查票

　　若以火車卡購買優待票的乘客碰上查票人員時，會被要求出示火車卡等相關證件，因此乘車時需隨身攜帶火車卡。

英國倫敦交通

機場到市區

倫敦有蓋特威克機場（Gatwick Airport）、史丹斯德機場（Stansted Airport）、路騰機場（Luton Airport）和主要往返各大國際線的希斯洛機場（London Heathrow Airport，簡稱 LHR）。

其中位於市中心以西約 25 公里的希斯洛機場也是英國主要的國際機場之一，乘坐機場快捷線只要 15 分鐘即可抵達。往返希斯洛機場可以選擇的交通工具有機場快線、機場列車、地鐵以及計程車，多設有無障礙設施供民眾選擇。

	起訖站	所需時間	車資	附註
機場快線（Heathrow Express）	從第 1、2、3 和第 5 航廈直達帕丁頓站（Paddington）	15～21 分（15 分鐘一班）	£30（頭等）£22（一般）	至帕丁頓站轉乘地鐵或公車
機場列車（Heathrow Connect）	從第 1、2、3 航廈至帕丁頓站，中間停靠 5 站	25 分（30 分鐘一班）	£5.1～10.2	至帕丁頓站轉乘地鐵或公車
地鐵（London Underground）	從第 1、2、3、4、5 航廈接至皮卡迪里線（Piccadilly Line，藍線）	50 分鐘以上	£5.7（持牡蠣卡，尖峰£5、離峰£3）	需事前確定欲前往的地鐵站有無障礙設施
計程車	—	約 60 分鐘以上	£40～90	24 小時

倫敦市區交通

　　倫敦除了擁有世上最悠久的鐵路及地鐵外，還有公車、交通遊船、空中纜車等，任何能想得到的大眾運輸工具都能在倫敦街頭看到。然而倫敦的交通工具選擇雖多，卻一點也不複雜。再加上無障礙設施的概念推行了很長一段時日，相較歐洲其他城市已經發展得相當完善。因此對於行動不便者，在倫敦旅遊相對來說是件容易的事。

INFO

倫敦運輸系統分區

　　倫敦運輸系統整體區分為六個區塊，形狀大致上成一個同心圓，而收費標準就是參考此同心圓來收費。由於初次到倫敦旅遊的人會參訪的景點多座落在一、二區內，因此若僅僅是想來倫敦市區觀光的人，選擇飯店建議不要離市中心太遠。

地鐵、地上鐵、輕軌

　　地底下的倫敦地鐵（Underground）、地上鐵（Overground）及輕軌（Docklands Light Railway, DLR），在 20 世紀前原為六個獨立的營運商經營。經由倫敦交通局合併後，現今與公車和路面電車屬於同一套交通運輸系統。使用牡蠣卡或旅遊卡皆可搭乘。

地鐵的無障礙設施

　　地鐵圖上有標明具備無障礙設施（step free）的車站，並且詳細區分為可抵達月臺（to platfrom）與可一路暢行無阻直至乘車（to train）兩種。僅抵達月臺的車站，請直接向駐點工作人員諮詢乘車支援。

牡蠣卡（**Oyster Card**）或旅遊卡（**Travel Card**）

倫敦市區交通採分區計價，並且收費標準也區分尖峰（例假日、週一～週五 06:30～09:30 與 16:00～19:00）與離峰時段。

因此在倫敦觀光除了單程票外，較常使用的票卡有牡蠣卡和旅遊卡兩種。下列為各票卡的票價簡易比對表。

	一般單程票	牡蠣卡（可儲值）		旅遊卡（期限內任意搭乘）	
		尖峰（1 天收費上限）	離峰（1 天收費上限）	1 天（離峰）	7 天
1～2 區	£4.9～12.7	£2.9（£6.5）	£2.4（£6.5）	£12.1	£32.4
1～3 區	£4.9～12.7	£3.3（£7.6）	£2.8（£7.6）	£12.1	£38.0
公車	不可以現金支付	£1.45（£4.4）		—	£20.2（公車與路面電車）

倫敦地鐵興建至今已經超過 150 歲了！很難想像有歷史這麼悠久的交通運輸工具至今仍保存得那麼完善。由於部分的地鐵站因相當老舊，不利於修建，因此位於市區中心二區（zone two）內僅只不到兩成的地鐵站設有電梯、手扶梯等無障礙設施。然而，這兩成的車站又分屬於不同的線路，再加上多數必去的景點又都位於二區內。因此，對於在倫敦市區旅遊，想只靠地鐵遊玩的身障朋友可能會有不小的困擾。

事實上，因為倫敦的無障礙設施資訊相對較為容易取得，所以要乘坐這樣古蹟級的城市軌道運輸系統並不困難。只要行前規劃好，搭配乘坐發達的市區公車、觀光纜車，就算住在倫敦郊區也可以玩得很盡興。

市區公車與觀光巴士

到倫敦除了到白金漢宮跟紅色皇家衛兵拍張搞怪照，或是到紅色公共電話亭投零錢外，一定要嘗試的就是紅色雙層巴士。車門開在車尾的紅色雙層巴士，在早期的電影或卡通中經常出現，是倫敦的主要標誌之一。然而為遵守無障礙歧視法的規定，從 2008 年起不論單層的公車或雙層的巴士，皆已全面改為低底盤的車種，方便行動不便者搭乘。

倫敦公車並不收現金，若欲搭乘須先購買牡蠣卡（Oyster Card）或旅遊卡（Travel Card）。

此外，公車站牌的 LED 屏幕會顯示距離下一班公車還有多少時間，平均 10 ～ 15 分鐘不到就有一班，不需要額外等無障礙車種，非常方便。

要搭乘公車，僅需在公車站招手示意，司機即會盡可能將後門停在你面前。由於公車的無障礙設施已全面電氣化，公車司機並不需要也不會離開駕駛座位為乘客服務。在秉持先下後上的原則下，等乘客下車完畢後，司機會將電動斜坡放下供需要的乘客上車。由於斜坡放下前需先將門關上，此時請不要驚慌，公車司機不是不給你上車，等你上車後，他反而會貼心地確定你待在輪椅席的空間後才會繼續行駛。

復康巴士（Dial-a-Ride）

Dial-a-Ride 是倫敦政府為了促進身障朋友外出採購、拜訪朋友，或是從事娛樂活動，於 1982 年所成立。服務對象為長期或永久性身障者、盲人、弱視者或是 85 歲以上老人家。填妥申請表並附上身分證明、當地認可的身心障礙證明文件，以及輪椅相關資訊後寄回 Dial-a-Ride 即可申請成為會員。

成為會員後，可以 E-mail 或撥電話（最少於出門前一個工作天晚上）免費預訂 Dial-a-Ride 的點對點接駁服務，並且可以攜帶一位協助者一同搭乘。

復康巴士（Dial-a-Ride）
- 官網：https://tfl.gov.uk/modes/dial-a-ride/
- 官方聯絡信箱：DAR@tfl.gov.uk
- 聯絡電話：0343 222 1234

Dial-a-Ride 的會員申請手續所需時間較長，所需文件較為繁複，建議出發旅遊三個月前提前申辦。

此外，於熱門時段較難訂到車，建議避開上下班時段，且提前預訂。

計程車

　　計程車收費標準分市區內與郊區。一般在市區活動，則以跳表計費。若要前往郊區則需先與司機談妥價錢再上車。計程車的起跳價為£2.4，每 1 英里收費約£5.6～£8.6。

遊船

　　天氣好的時候搭船遊泰晤士河是個不錯的選擇。沿途可以看到倫敦眼、大笨鐘和倫敦塔。所有碼頭都有無障礙設施，可一路提供身障乘客上船。若持有 Travel Card 還可享有 66 折的優惠。

INFO

　　倫敦大眾運輸的無障礙設施雖仍有改善的空間，但整體來說比起許多先進國家的首都已經做得非常完善了，是行動不便者第一次自助旅行的首選之地。若仍對搭乘倫敦大眾運輸存有疑慮，不放心前往，可觀賞倫敦交通局拍攝的交通指南影片，對於所有的交通工具都有詳細的步驟說明。
・倫敦交通局交通指南：https://tfl.gov.uk/transport-accessibility/

倫敦市中心公車路線圖

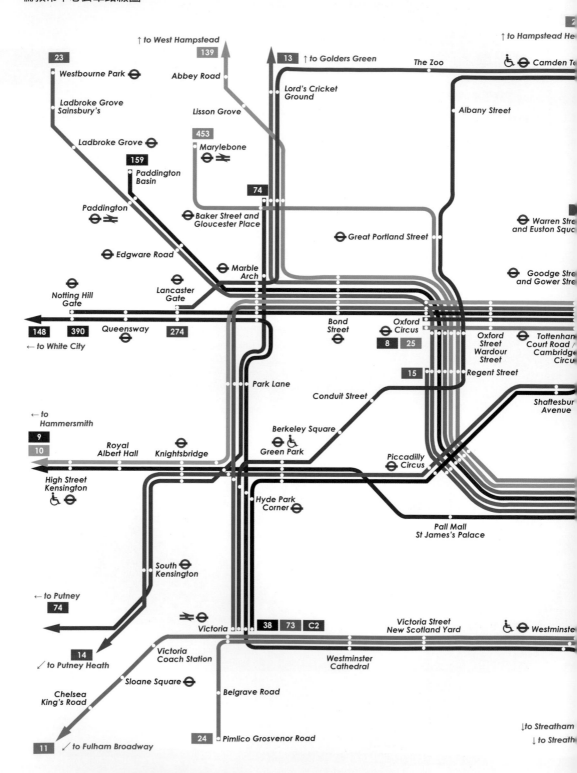

23 Westbourne Park

↑ to West Hampstead
139 Abbey Road
Ladbroke Grove Sainsbury's
Lisson Grove
Ladbroke Grove
453 Marylebone
159 Paddington Basin
Paddington
Edgware Road
74 Baker Street and Gloucester Place
Notting Hill Gate
Lancaster Gate
Marble Arch
148 390 Queensway 274
← to White City

13 ↑ to Golders Green
The Zoo
Lord's Cricket Ground
Camden Te
Albany Street
Great Portland Street
Warren Str and Euston Squ
Goodge Stre and Gower Stre
Bond Street
Oxford Circus
8 25
Oxford Street Wardour Street
Tottenham Court Road / Cambridge Circu
15 Regent Street

↑ to Hampstead He

← to Hammersmith
9
10
Royal Albert Hall
Knightsbridge
High Street Kensington

Park Lane
Conduit Street
Berkeley Square
Green Park
Piccadilly Circus
Shaftesbur Avenue
Hyde Park Corner
Pall Mall St James's Palace

← to Putney
74
South Kensington
14 ↙ to Putney Heath
Victoria
Victoria Coach Station
38 73 C2
Victoria Street New Scotland Yard
Westminste
Westminster Cathedral
Sloane Square
Chelsea King's Road
Belgrave Road
11 ↙ to Fulham Broadway
24 Pimlico Grosvenor Road
↓ to Streatham
↓ to Streath

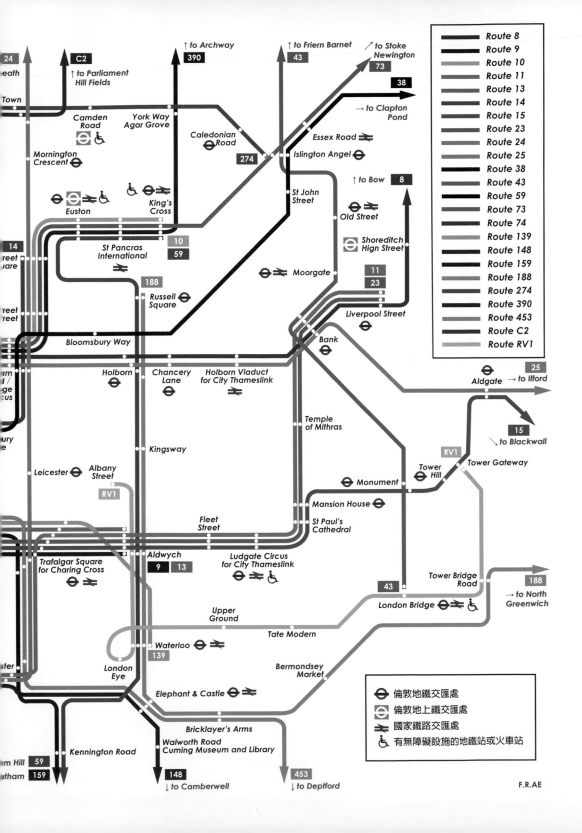

倫敦景點

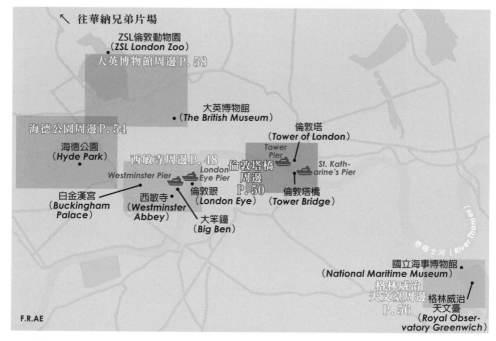

↖ 往華納兄弟片場

ZSL倫敦動物園
（ZSL London Zoo）

大英博物館周邊 P.58

大英博物館
（The British Museum）

倫敦塔
（Tower of London）

海德公園周邊 P.54

海德公園
（Hyde Park）

西敏寺周邊 P.48

Tower
Pier

倫敦塔橋
周邊
P.50

St. Kath-
arine's Pier

Westminster Pier

London
Eye Pier

白金漢宮
（Buckingham
Palace）

西敏寺
（Westminster
Abbey）

倫敦眼
（London Eye）

倫敦塔橋
（Tower Bridge）

大笨鐘
（Big Ben）

泰晤士河（River Thames）

國立海事博物館
（National Maritime Museum）

格林威治
天文臺周邊
P.56

格林威治
天文臺
（Royal Obser-
vatory Greenwich）

F.R.AE

INFO

· 倫敦市官方旅遊網站：http://www.visitlondon.com/

西敏寺（Westminster Abbey）

　　1987 年被列為世界文化遺產的西敏寺，原本是一座歷史悠久的修道院。自西元 960 年建成後，歷經多次的重建，現已成為大英帝國的皇家級教堂。數世紀以來西敏寺是舉辦許多國家級慶典的首選之地，也是一千多年來安葬和紀念英國歷史上許多著名人物的地方，如英國女皇伊莉莎白一世、英國首相邱吉爾，以及科學家牛頓皆安葬於此。除此之外歷代英國君王也在此加冕登基，許多皇室成員也選擇在此舉行婚禮，其中還包括近期最受矚目的威廉王子與凱特王妃。高聳巍峨的西敏寺除了開放參觀、提供中、英語導覽服務（包括參觀聖愛德華堂）外，也定期舉行祈禱儀式，且對於參加禮拜的訪客並不收取任何費用。

INFO

西敏寺
- 開放時段：平日 09:30 ～ 15:30、週三 09:30 ～ 18:00、週六 9 月～ 4 月 09:30 ～ 13:30；5 月～ 8 月 09:30 ～ 15:30；閉館前一小時停止入場；平日禮拜時間為上午 7:30 開始；其餘活動或參觀時間異動請查詢官網。
- 票價：成人£20、60 歲以上長者£17、學生£17、6 ～ 16 歲兒童£9、5 歲以下免費，另於官網上購買約有£2 的優惠。
- 地址：20 Dean's Yard, London SW1P 3PA
- 交通：搭乘地鐵、遊船或巴士 11、24、148、159、453 線路至西敏站（Westminster）。
- 官網：http://www.westminster-abbey.org/

TIPS

　　如果時間夠也可以走訪一樣位於西敏區的白金漢宮。看一下皇家衛兵們踏正步。

西敏寺周邊

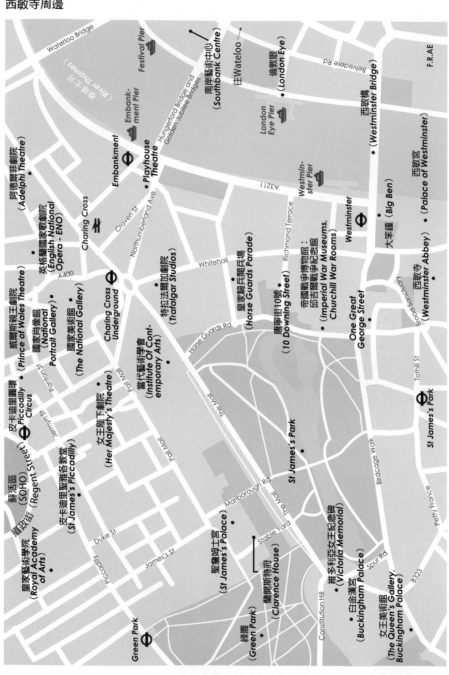

Waterloo Bridge

River Thames (泰晤士河)

Festival Pier

南岸藝術中心 (Southbank Centre)

往Waterloo

倫敦眼 (London Eye)

F.R.AE

Belvedere Rd

Embank-ment Pier

Hungerford Bridge and Golden Jubilee Bridges

London Eye Pier

西敏橋 (Westminster Bridge)

阿德爾菲劇院 (Adelphi Theatre)

Embankment

Playhouse Theatre

A3211

Westmin-ster Pier

西敏宮 (Palace of Westminster)

Charing Cross

Craven St

Northumberland Ave

Whitehall

Richmond Terrace

Westminster

大笨鐘 (Big Ben)

英格蘭國家歌劇院 (English National Opera - ENO)

A400

國家肖像館 (National Portrait Gallery)

國家美術館 (The National Gallery)

特拉法爾加劇院 (Trafalgar Studios)

皇家騎兵閣兵場 (Horse Guards Parade)

唐寧街10號 (10 Downing Street)

帝國戰爭博物館: 邱吉爾戰爭紀念館 (Imperial War Museums, Churchill War Rooms)

Broad Sanctuary

西敏寺 (Westminster Abbey)

威爾斯親王劇院 (Prince of Wales Theatre)

皮卡迪里圓環 Piccadilly Circus

蘇活區 (SOHO)

攝政街 (Regent Street)

Panton St

Charing Cross Underground

當代藝術學會 (Institute Of Contemporary Arts)

Horse Guards Rd

One Great George Street

Tothill St

皮卡迪里聖雅各教堂 (St James's Piccadilly)

女王陛下劇院 (Her Majesty's Theatre)

Jermyn St

Pall Mall

Pall Mall

The Mall

St James's Park

皇家藝術學院 (Royal Academy of Arts)

Duke St

James's St

Marlborough Rd

The Mall

St James's Park

Birdcage Walk

Piccadilly

聖詹姆士宮 (St James's Palace)

Stable Yard

維多利亞女王紀念碑 (Victoria Memorial)

白金漢宮 (Buckingham Palace)

Petty France

Spur Rd

B323

Green Park

綠園 (Green Park)

闌開斯特府 (Clarence House)

Constitution Hill

女王美術館 (The Queen's Gallery, Buckingham Palace)

大笨鐘（Big Ben）

於西元 1858 年興建而成的大笨鐘是英國最有名的地標，時常出現在電影場景中。此鐘塔位於泰晤士河畔國會大廈東北角，每 15 分鐘會自動鳴響一次。由於格林威治天文臺的官員每天派人校對兩次，且每年的夏季與冬季時間轉換時會把鐘停止，進行零件的修補、交換，鐘的調音等，所以大笨鐘的時間非常準確，鐘聲也常被用在各大廣播電臺。此外，每年於大笨鐘的跨年慶典釋放煙火的活動，也是全世界新聞媒體爭相報導的重頭戲之一。

INFO

大笨鐘
- 開放時段：內部僅開放給英國當地居民參觀。
- 地址：Westminster, London SW1A 0AA
- 交通：搭乘地鐵、遊船或巴士 11、24、148、159、453 線路至西敏站（Westminster）。

倫敦眼（London Eye）

英國為慶祝千禧年的到來，於西元 1999 年打造了這座擁有 32 個座艙的巨大摩天輪。其大小僅次於南昌之星與新加坡觀景輪。原定 2005 年拆卸，卻因意外受到英國人及遊客喜愛，後由倫敦市議會決議長期保留倫敦眼。現已成為英國倫敦天際線上不可或缺的指標性建築。

INFO

倫敦眼
- 開放時段：10 月至隔年 3 月 10:00 ～ 20:30、4 月至 6 月 10:00 ～ 21:00、7 月至 9 月 10:00 ～ 21:30；不分平日假日；聖誕假期不開放。
- 票價：成人£24.95、60 歲以上長者（9 月至隔年 6 月平日）£17.0、4 ～ 15 歲兒童£19.95、4 歲以下免費，另於官網上購買約有£3 的優惠，且免排隊。
- 地址：Westminster Bridge Road, London SE1 7PB
- 交通：搭乘地鐵至西敏站（Westminster）步行約 15 ～ 20 分鐘或至滑鐵盧站（Waterloo）；遊船至倫敦眼港（London Eye Pier）；巴士 11、24、148、159、453 線路至西敏站（Westminster）或 RV1 線路至倫敦眼站（London Eye）。
- 官網：http://www.londoneye.com/

049

倫敦塔橋周邊

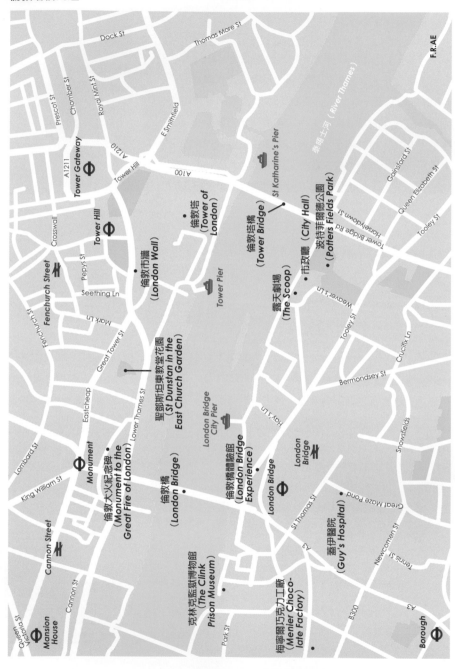

Dock St

Thomas More St

Prescot St

Chamber St

Royal Mint St

F.R.AE

A1211

E Smithfield

A1210

St Katharine's Pier

泰晤士河（River Thames）

Tower Gateway

Tower Hill

A100

Gainsford St

Crosswall

倫敦塔（Tower of London）

倫敦塔橋（Tower Bridge）

市政廳（City Hall）

波特菲爾德公園（Potters Fields Park）

Queen Elizabeth St

Fenchurch Street

Pepys St

倫敦市牆（London Wall）

Tower Pier

Horselydown St

Tower Bridge Rd

Tooley St

Fenchurch St

Seething Ln

Mark Ln

露天劇場（The Scoop）

Weaver's Ln

Tooley St

Crucifix Ln

Great Tower St

聖鄧斯坦東教堂花園（St Dunstan in the East Church Garden）

Hay's Ln

Bermondsey St

Eastcheap

Lower Thames St

London Bridge City Pier

倫敦橋體驗館（London Bridge Experience）

London Bridge

London Bridge

Snowsfields

Lombard St

倫敦大火紀念碑（Monument to the Great Fire of London）

Monument

倫敦橋（London Bridge）

St Thomas St

Great Maze Pond

King William St

Cannon St

克林克藍獄博物館（The Clink Prison Museum）

蓋伊醫院（Guy's Hospital）

Newcomen St

Tennis St

A3

Queen Victoria St

Mansion House

Cannon Street

Park St

梅寧爾巧克力工廠（Menier Chocolate Factory）

B300

Borough

A3

推薦倫敦眼乘坐時段與拍照點

　　推薦乘坐倫敦眼的時段是夏季傍晚 8、9 點的時候，可以一邊俯瞰倫敦市一邊欣賞倫敦的美麗黃昏。最好的拍攝時間是約莫在最高點的位置，向左手邊可以同時拍到大笨鐘與倫敦眼的座艙。一般運轉一圈約莫 30 分鐘，若遇上老人或行動不便的乘客還會暫時停止運轉，方便上下座艙。

倫敦塔橋（Tower Bridge）

　　橫跨泰晤士河的倫敦塔橋是英國於 19 世紀末的一項重要建設。當時為了兼顧可隨時讓河面上的船隻通行與跨越河兩岸的交通功能，經過了一連串的設計競賽與激烈的辯論，最終由油壓升降裝置設施取得勝利。而現今倫敦塔橋已改為電動機升降。

INFO

倫敦塔橋
- 塔樓開放參觀時段：夏季 10:00 ～ 18:00、冬季 09:30 ～ 17:30；閉館前半小時停止入場。
- 票價：成人 £9、兒童 £3.9、5 歲以下兒童與身障者免費。
- 地址：Tower Bridge London SE1 2UP
- 交通：搭乘地鐵至倫敦橋站（London Bridge）步行 10 ～ 15 分鐘；輕軌至塔門（Tower Gateway）步行 10 分鐘；巴士 RV1、188 線路至倫敦塔橋路站（Tower Bridge Road）或 15 線路至塔丘（Tower Hill）步行 10 分鐘；遊船至聖凱薩琳碼頭（St Katharine's Pier）或塔港（Tower Pier）。
- 官網：http://www.towerbridge.org.uk

TIPS

　　說到倫敦塔橋，不禁讓人聯想起〈倫敦鐵橋垮下來〉這首世界知名童謠。此首童謠的來源與意涵眾說紛紜。有人說是因為橋體新建工程困難導致，但也有因此歐海盜攻擊所導致的說法。但事實上此童謠的身世至今仍然是個謎。

　　此外關於倫敦塔橋還曾發生過一段有趣的國際交通事件。由於倫敦水上交通比公路交通有優先權，因此在一次美國柯林頓總統參訪英國，且其車隊行經倫敦塔橋時，塔橋意外地打開。此舉將柯林頓總統的車隊一分為二，使在場的安全人員都非常震驚。所以若來到倫敦，一定要來看看這座充滿故事性的倫敦塔橋，且身障者還可免費搭乘電梯至塔頂，透過玻璃地板俯瞰過橋的車流與船隻。

倫敦塔（Tower of London）

　　倫敦塔為英國最具君主集權主義歷史色彩的標的之一。是座落於泰晤士河畔上一座保存完整的諾曼第式城堡，由多個宮殿與堡壘所組成的建築群。其中較為著名的有皇后之屋（Old Queen's House）、珠寶館（Jewel House）、白塔（White Tower）、血腥塔（Bloody Tower）和叛徒之門（Traitor's Gate）。由於曾經歷過英國最黑暗的皇室權力鬥爭時期，且關過無數叛國囚犯，倫敦塔的每一個塔樓都有它傳奇性的歷史故事，甚至有的還常有鬧鬼的傳聞。

　　倫敦塔最著名的歷史事件：

1. 由於叔父（查理三世）為了奪權而被囚禁的兩位小皇子，其屍骨在血腥塔的整修過程中被找到。
2. 亨利八世的第二任妻子安妮・博林（伊莉莎白一世的母親）曾因叛國罪於此地被斬首。
3. 一代女皇伊莉莎白一世也曾被姊姊瑪麗一世（血腥瑪麗）囚禁在此。

INFO

倫敦塔

- 開放時段：夏季（3 月至 10 月）週二至週六 09:00 ～ 17:30、週日至週一 10:00 ～ 17:30、冬季（11 月至隔年 2 月）週二至週六 09:00 ～ 16:30、週日至週一 10:00 ～ 16:30；閉館前 30 分鐘停止入場；聖誕假期不開放。
- 票價：成人£25.0、5 ～ 15 歲兒童£12.0、5 歲以下兒童免費。網上有優惠票價。
- 地址：City of London, London EC3N 4AB
- 交通：搭乘地鐵至倫敦橋站（London Bridge）步行 25 分鐘；輕軌至塔門（Tower Gateway）；巴士 RV1、188 線路至倫敦塔橋路站（Tower Bridge Road）步行 10 分鐘或 15 線路至塔丘（Tower Hill）；遊船至塔港（Tower Pier）或聖凱薩琳碼頭（St Katharine's Pier）。
- 官網：http://www.hrp.org.uk/

大英博物館（The British Museum）

　　前身是蒙塔古大樓（Montague Building）的大英博物館，現已成為世界上具相當規模著名的博物館之一，與巴黎的羅浮宮和美國大都會博物館齊名。全館分為十個館區，館藏品數量高達 800 多萬件。其中埃及的拉美西斯二世頭像和木乃伊展覽室、西亞的公牛男人、希臘雅典帕德嫩神廟的大理石雕刻，以及復活節島人像都是參觀的重點項目。

INFO

大英博物館
- 開放時段：每日 10:00 ～ 17:30 開放、週五 10:00 ～ 20:30。
- 票價：除了特殊展覽，全館免費參觀。建議樂捐維護費£5。
- 地址：Great Russell Street, London WC1B 3DG
- 交通：搭乘巴士 59、188 線路至羅素廣場站（Russell Square）或 10、14、24、73、390 線路至大羅素街（Great Russell Street）。
- 官網：http://www.britishmuseum.org/

海德公園（Hyde Park）

　　海德公園與緊鄰的肯辛頓花園（Kensington Gardens）為倫敦市的一大片城市綠洲。兩處面積加起來共有 250 公頃，約莫 10 個臺北大安森林公園的大小。園內有個九曲湖（Serpentine Lake），湖面上滿是鴿子、天鵝與各式禽鳥們悠哉地滑水。湖邊也常見倫敦居民帶著小孩來此處野餐、嬉戲、晒太陽。此外海德公園經常會舉辦大大小小的戶外音樂會和演唱會等活動，且公園旁的皇家阿爾伯特音樂廳（Royal Albert Hall），於夏季時還會舉辦為期一個多月的逍遙音樂會，邀請世界各地的頂尖音樂家們前往演出，使海德公園成為倫敦市民陶冶身心、培養藝術靈魂的好去處。

053

海德公園周邊

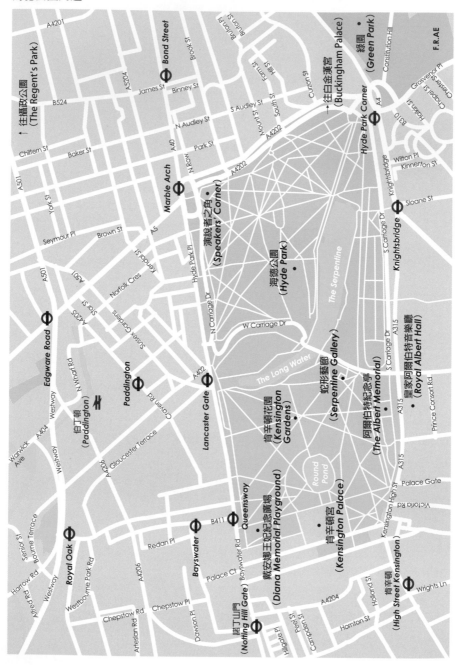

海德公園
- 地址：Westminster London W2 2UH
- 交通：巴士 148、274、390 線路至蘭卡斯特大門站（Lancaster Gate）或巴士 9、10、14、38、73、74、148、C2 線路至海德公園角落（Hyde Park Corner）。
- 官網：http://www.westminster-abbey.org/

身障者搭乘巴士至海德公園遠比搭乘地鐵來的方便。

格林威治天文臺（Royal Observatory Greenwich）

　　座落於格林威治公園內的格林威治天文臺，是英國最古老的科學研究機構。本來此機構的設置是為了提供大航海時代精準的經緯度位置，現今已成為熱門的觀光景點。來此的遊客都會一腳跨越東西半球，與館內的不鏽鋼製本初子午線拍照合影。

格林威治天文臺
- 開放時段：週一至週六 10:00 ～ 17:00；聖誕假期不開放。
- 票價：成人£9.5、兒童£5、5 歲以下兒童免費。
- 地址：Blackheath Ave, London SE10 8XJ
- 交通：輕軌至卡提薩克站（Cutty Sark）、格林威治站（Greenwich），步行 20 分鐘；遊船至格林威治港（Greenwich Pier），步行 25 分鐘。
- 官網：http://www.rmg.co.uk/

國立海事博物館（National Maritime Museum）

　　國立海事博物館曾是《神鬼奇航》、《悲慘世界》、《雷神索爾》等幾部叫好又叫座的電影拍攝取景地，因而成為全世界電影迷們絕對不可以錯過的必訪景點之一。

國立海事博物館
- 開放時段：週一至週六 10:00 ～ 17:00；聖誕假期不開放。
- 票價：除了卡提薩克號蒸汽船，全館免費參觀。
- 地址：Park Row, Greenwich, London SE10 9NF
- 交通：輕軌至卡提薩克站（Cutty Sark）；遊船至格林威治港（Greenwich Pier）。
- 官網：http://www.rmg.co.uk/

格林威治天文臺周邊

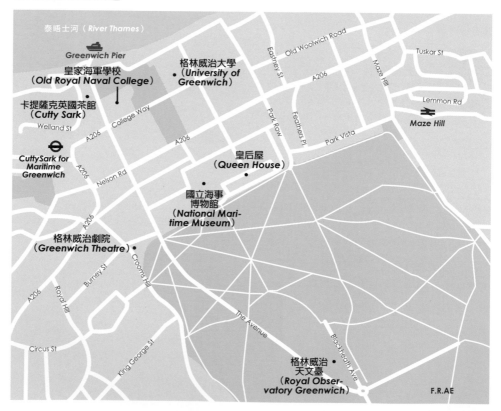

泰晤士河（*River Thames*）
Greenwich Pier
皇家海軍學校（*Old Royal Naval College*）
卡提薩克英國茶館（*Cutty Sark*）
Welland St
CuttySark for Maritime Greenwich
A206
College Way
Nelson Rd
格林威治大學（*University of Greenwich*）
A206
Earlney St
Old Woolwich Road
A206
Park Row
Feathers Pl
Park Vista
Maze Hill
Tuskar St
Lemmon Rd
Maze Hill
皇后屋（*Queen House*）
國立海事博物館（*National Maritime Museum*）
格林威治劇院（*Greenwich Theatre*）
Burney St
Crooms Hill
A206
Royal Hill
Circus St
King George St
The Avenue
Blackheath Ave
格林威治天文臺（*Royal Observatory Greenwich*）
F.R.AE

福爾摩斯博物館（The Sherlock Holmes Museum）

　　倫敦就是一個會讓「福爾摩斯」迷們為之瘋狂的地方，尤其是到訪位於貝克街221B（221B Baker Street）的福爾摩斯宅邸更是絕對不能錯過的行程。整棟宅邸現在已經被設置成福爾摩斯博物館，館內陳列了福爾摩斯的辦公桌，以及大大小小的辦案工具，甚至可以讓你裝扮成福爾摩斯拍照等。此外，在《新世紀福爾摩斯》影集中夏洛克家樓下的史匹迪茲小餐館（Speedy's Sandwich Bar & Café），也是影迷不可或缺的行程。

INFO

福爾摩斯博物館
- 開放時段：每日 09:30 ～ 18:00；聖誕假期不開放。
- 票價：成人£15、兒童£10。
- 地址：221B Baker St, Marylebone, London NW1 6XE
- 交通：搭巴士 13、74、274 至貝克街站（Baker Street）。
- 官網：http://www.sherlock-holmes.co.uk/

史匹迪茲小餐館
- 開放時段：週一至週五 06:30 ～ 15:30、週六 07:30 ～ 13:30。
- 地址：187 N Gower St, London NW1 2NJ
- 官網：http://www.speedyscafe.co.uk/

TIPS

　　福爾摩斯博物館內並未設有電梯，是倫敦旅程中較為可惜的部分。但推薦到史匹迪茲小餐館，享用老闆特別推出的「夏洛克的早餐」，讓影迷們可以一邊用餐一邊感受影片場景中的氛圍。且在物價高昂的倫敦，史匹迪茲小餐館的餐點價格反倒顯得平易近人。

大英博物館周邊

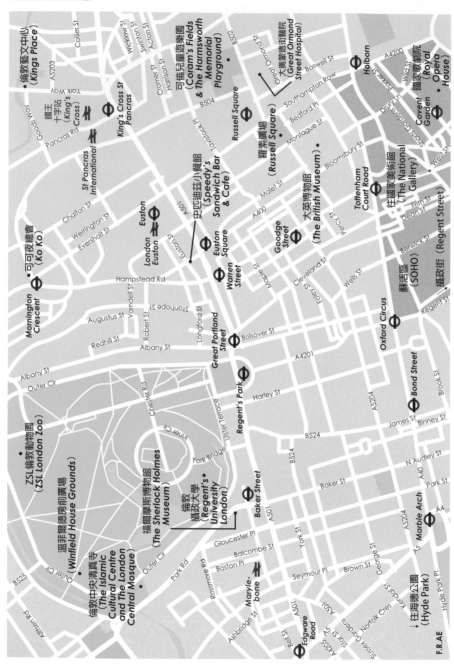

華納兄弟片場
（Warner Bros Studio Tour London）

如果是《哈利波特》影迷來到倫敦，一定要安排一個上午來參觀華納兄弟片場。裡面除了展示許多拍攝道具、服裝外，還有霍格華茲大禮堂和斜角巷等著名場景，以及魔杖、飛天掃帚等實物體驗。如果帶小孩來玩，甚至也非常有可能花上一整天的時間參觀。

TIPS

回程時不要錯過到國王十字車站（King's Cross Railway Station）的穿越景點「9又4分之3月臺」拍照。

INFO

華納兄弟片場
- 開放時段：每日 10:00 ～ 18:30，閉館時間不定，詳細時間請洽官網。
- 票價：只可於網路購票，成人£39、兒童£31、5 歲以下兒童免費。
- 地址：Leavesden, WD25 7LR
- 交通：從倫敦優士頓站（Euston）搭火車至沃特福德站（Watford Junction），轉搭雙層接駁巴士。
- 官網：http://www.wbstudiotour.co.uk/

倫敦一卡通（the London Pass）
　　倫敦一卡通是專門為了旅客設計的票卡，其中包含倫敦塔、泰晤士河遊船、溫莎堡、倫敦動物園、西敏寺、倫敦塔橋、白金漢宮等 60 個景點門票，以及雙層遊覽巴士和多項優惠活動。以使用期限 1、2、3、6 和 10 天劃分為 5 種，成人票價£55.0 起；5 ～ 15 歲孩童£37.0 起。若想要走訪很多景點，且不想花時間排隊購票的話，倫敦一卡通會是不錯的選擇。

其他城鎮輕旅行

劍橋大學（University of Cambridge）

　　劍橋大學為英語世界中歷史第二悠久的大學，其創校史與牛津大學有一段很深的淵源。大學中包含國王學院和皇后學院，共有 6 個學院、31 個系所和 9 個博物館，並且為英國「金三角名校」之一。學術研究領域包含藝術和人文科學、生物科學、臨床醫學、人文與社會科學，以及物理科學。

　　劍橋著名觀光景點：

1. 十七世紀末時發現萬有引力的牛頓曾於此校任職，並且相傳校園內的數學橋（Mathematical Bridge）即為他所設計。

2. 另一座橫跨康河的嘆息橋（Bridge of Sighs）也有著有趣的傳聞，據說其名字的由來是因為學生考完試後都會在這橋上踱步嘆息。

3. 為了紀念校友徐志摩，劍橋大學也將他的〈再別康橋〉一詩刻在國王學院康河河濱的一塊白色大理石石碑上。

INFO

劍橋大學
- 開放時段：商店與各學院系所多在週一至週六 09:30 ～ 17:00 開放。
- 票價：在旅客服務中心購買；國王學院成人£18、學生與 60 歲以上長者£16、12 歲以下兒童£8。
- 地址：The Old Schools, Trinity Ln, Cambridge CB2 1TN
- 交通：從倫敦國王十字車站（King's Cross Railway Station）或利物浦街（liverpool Street）搭火車至劍橋（Cambridge Station），轉搭巴士 Citi1、Citi3、Citi7 至劍橋市中心。
- 官網：http://www.cam.ac.uk/

牛津大學（University of Oxford）

　　牛津大學為英語世界中歷史最悠久的大學，同時也是英國「金三角名校」之一，由 38 所獨立書院及 4 所學術學院組成。大學的各個學院系、大樓和設施均遍布於市中心的不同角落，並沒有自己的主校區。然而牛津卻擁有全英國最大型的大學圖書館系統與全球最具規模的大學出版社，並且培育出 26 位英國首相、58 位諾貝爾獎得主，以及超過 50 位的各國元首與眾多社會名人，其校友實力著實不容小覷。

INFO

牛津大學
- 開放時段：各系所不一，多數為週一至週五 14:00 ～ 16:00，8 月、復活節、聖誕節假期不開放。詳細開放時段請洽官網。
- 票價：多數學院免費，部分酌收維護費用£1.0 至£9.0 不等。詳細票價請洽官網。
- 地址：各系所分散於 Oxford 市區。
- 交通：搭巴士至 Shepherd's Bush 站、Notting Hill Gate 站、Marble Arch 站及 Victoria 站等站，或搭地鐵至西靈頓站（Hillingdon），轉搭 Oxford Tube 專車直達牛津市中心 High Street 站下車。
- 官網：http://www.ox.ac.uk/

巨石陣（Stonehenge）

巨石陣是世界著名的史前建築遺跡之一，考古學家以碳 14 定年發現此巨石群約建於石器時代晚期。雖然當時的古羅馬人早就統治了英格蘭，但是由古羅馬文獻中卻未曾記載位於倫敦附近的這巨石群，且它的建造起因和方法至今在考古界仍是個不解之謎。有趣的是巨石陣中幾個重要的石柱位置，似乎都是用來指示月亮在夏至與冬至當天升起的位置，因此有的科學家認為，石柱孔很有可能是為了觀測及紀錄太陽與月亮的運行軌跡與時間。

INFO

巨石陣
- 開放時段：3 月中至 5 月，以及 9 月至 10 月中 09:30 ～ 19:00；6 月至 8 月 09:00 ～ 20:00；10 月中至 3 月中 09:30 ～ 17:00。
- 票價：成人門票£15.5、5 ～ 15 歲小孩£9.3；成人套票（雙層接駁巴士與門票）£17.1、5 ～ 15 歲小孩£10.3。
- 地址：Amesbury, Wiltshire SP4 7DE
- 交通：從倫敦滑鐵盧站（Waterloo）搭火車至薩里斯伯里站（Salisbury Rail Station）（車程約 1.5 小時），轉搭雙層接駁巴士（去程 10:00 ～ 16:00 每小時一班，回程 10:40 ～ 18:00 約每小時一班）至園區入口，入園後可搭園區接駁巴士。也可選擇自行開車前往。
- 官網：http://www.thestonehengetour.info/

TIPS

網路上有推薦從倫敦出發的一天來回行程，景點除了有巨石陣，還包括巴斯（Bath）、溫莎堡（Windsor）等。但多數車種為小巴士或遊覽車，較不便於搭乘。

必吃美食與必敗小物

必吃美食

- 下午茶（Afternoon Tea）與司康（Scone）。
- 英式早餐（English breakfast）與血腸（Black Pudding）。
- 艾爾啤酒（Ale）。
- 紅蘿蔔蛋糕（Carrot cake）。
- 烤牛肉與約克郡布丁（Roast beef and Yorkshire Pudding）。
- 牧羊人派（Sheperd's Pie）。

　　在英國街道巷弄間有許多小餐館，賣的絕對都是當地的美食，口味並不會相差太多，因此沒有特別推薦的必吃餐廳。反倒是有些道地菜色是旅人絕對要點來試試的。

瑞士：
蘇黎世

PART 3

瑞士簡介

瑞士無障礙指標

- · **國名：**
  瑞士聯邦（Switzerland）。
- · **國際代碼：**CH。
- · **首都：**蘇黎世（Zurich）。
- · **語言：**德語（63.7％）、法語（20.4％）、義大利語（6.5％）、羅曼什語（0.5％）、其他（8.9％）。
- · **宗教：**全國約 38.8％的人口信天主教、30.9％信新教、4.5％信伊斯蘭教、2％信東正教，其餘信其他宗教或沒有宗教信仰。
- · **從臺灣出發時間：**從臺北到蘇黎世（在香港、日本或杜拜轉機），約 16 ～ 19 小時。
- · **時差：**夏季（4 ～ 10 月）比臺灣晚 6 個小時，冬季（11 ～ 3 月）比臺灣晚 7 個小時。
- · **商店時間：**
  銀行：星期一至星期五 08:30 ～ 16:30，週末與例假日公休。
  郵局：星期一至星期五 08:00 ～ 12:00 與 14:00 ～ 17:00，週末與例假日公休，部分市中心星期六上午 08:00 ～ 12:00 照常營業。
  一般商店：星期一至星期五 08:00 ～ 18:30，週末與例假日公休，部分商店週四延長營業時間至 20:00。

- **貨幣**：瑞士通行的貨幣為瑞士法郎（CHF），部分商店接受歐元付費。
  CHF 1 ≒ 新臺幣 31.92 元（2016 年 11 月）。
- **電壓**：瑞士電壓 220V、頻率 50Hz。為兩圓形孔的 J 型（孔徑較小）插座。

- **氣候 & 節慶**：

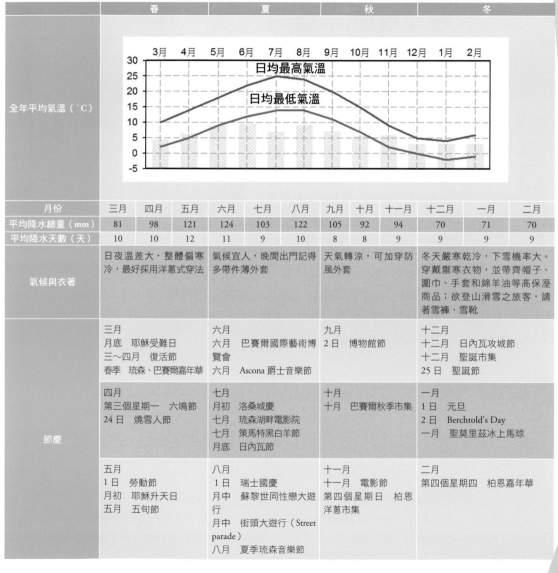

月份	三月	四月	五月	六月	七月	八月	九月	十月	十一月	十二月	一月	二月
平均降水總量（mm）	81	98	121	124	103	122	105	92	94	70	71	70
平均降水天數（天）	10	10	12	11	9	10	8	8	9	9	9	9

	春	夏	秋	冬
氣候與衣著	日夜溫差大，整體偏寒冷，最好採用洋蔥式穿法	氣候宜人，晚間出門記得多帶件薄外套	天氣轉涼，可加穿防風外套	冬天嚴寒乾冷，下雪機率大。穿戴禦寒衣物，並帶齊帽子、圍巾、手套和綿羊油等高保溼商品；欲登山滑雪之旅客，請著雪褲、雪靴
節慶	三月 月底　耶穌受難日 三～四月　復活節 春季　琉森、巴賽爾嘉年華	六月 六月　巴賽爾國際藝術博覽會 六月　Ascona 爵士音樂節	九月 2 日　博物館節	十二月 十二月　日內瓦攻城節 十二月　聖誕市集 25 日　聖誕節
	四月 第三個星期一　六鳴節 24 日　燒雪人節	七月 七月初　洛桑城慶 七月　琉森湖畔電影院 七月　策馬特黑白羊節 月底　日內瓦節	十月 十月　巴賽爾秋季市集	一月 1 日　元旦 2 日　Berchtold's Day 一月　聖莫里茲冰上馬球
	五月 1 日　勞動節 月初　耶穌升天日 五月　五旬節	八月 1 日　瑞士國慶 月中　蘇黎世同性戀大遊行 月中　街頭大遊行（Street parade） 八月　夏季琉森音樂節	十一月 十一月　電影節 第四個星期日　柏恩洋蔥市集	二月 第四個星期四　柏恩嘉年華

· **飲用水：**

　　瑞士的自來水是有官方掛保證的，80％來自天然泉水和地下水，其餘則來自湖泊。由於政府對於這些自來水的源頭有著非常嚴格的規定，長年對於飲用水質有著層層嚴密地監控與把關，因此在瑞士，打開水龍頭的冷水是可以生飲的，不需要額外買礦泉水。許多街道上也有自然流動的噴泉，若沒有不能喝的標示，則皆可直接飲用，或拿杯罐承裝。

　　超商礦泉水含碳酸氣泡者為 Mit Kohlensäure（德）／ Gazeuse（法）／ Acqua Frizzante（義）；不含氣泡則會標示 Ohne Kohlensäure（德）／ Non Gazeuse（法）／ Acqua Naturale（義）。

TIPS

熱開水
　　然而，瑞士很少旅館會提供煮水器，要求熱開水算是額外的客房服務，需要另外加價收費。而旅館水龍頭出來的熱水會經過鍋爐加熱，所經過的管線未必都很乾淨。因此冬天要到瑞士遊玩時或欲登山的旅客，建議自行攜帶電湯匙，以避免遇到天氣冷，想喝熱茶或沖泡咖啡卻無熱水可用的情形。

· **小費：**

　　在瑞士的旅館飯店住房或上餐廳用餐，帳單內的費用通常沒有包含小費。所以在有其他個別優質服務的情況下，可另外付費。而搭計程車則需依照跳表的車資給司機 10％小費。若司機幫忙提行李可多付他 1 ～ 2 瑞朗。

· **生病就醫：**

　　雖然瑞士醫療保健體系在全球有相當好的聲譽，但如同當地的消費水平一樣，在瑞士看醫生的花費相當驚人。在一般的小診所預約掛號就要 CHF 150（約臺幣 4,500 元），

急診掛號費用 CHF 300 起，住院費用更是高達每日 CHF 1,000 ～ 3,000。因此非常建議身障朋友在出發前，先在國內買好國外旅遊保險。

此外，若為一般的輕傷或小感冒可以至藥局 Apotheke 買藥。但若是發高燒或一些緊急情況，請撥打緊急聯絡電話叫救護車，或是使用醫療院所網站查詢最近的醫院聯絡電話。

- 瑞士用來找尋適合之醫院與診所的網站：http://www.doctor.ch

· **急難救助：**

📞 瑞士急難救助電話：瑞士境內直撥 076-336-6979（24hrs）

📞 報警 117、消防電話 118、救護車 144

📞 駐瑞士臺北代表處電話 +41 31 3822927 或 +41 31 3822912
　　地址 Kirchenfeldstrasse14, CH-3005 Berne, Switzerland

📞 旅外國人急難救助全球免付費專線 00-800-0885-0885

瑞士火車交通資訊

瑞士火車搭乘指南

　　瑞士擁有全世界排名數一數二的公共運輸網路，火車、公車、電車等聯繫頗為方便。其中更讓當地居民引以為傲的便是其緻密、完善的鐵路運輸系統。由於火車鐵道密度為全球之冠，總長度加起來有 5,100 公里左右，並受到瑞士高山地形的影響，更發展出無獨有偶的登山纜車和觀景列車，使得瑞士有「火車王國」的稱號。而瑞士主要的 5 個大型火車營運公司從 1902 年起開始整併，瑞士聯邦鐵路 SBB（法語為 CFF，義大利語為 FFS）因而誕生。而後陸續又合併了 5 間鐵路公司，並於 1909 年轉為國營化。

　　繼 2004 年，瑞士聯邦政府為身心障礙人士的人權平等法案通過後，瑞士聯邦鐵路公司即開始著重提升保證旅客有獨自乘車旅行的可能性。經過十多年的努力，瑞士現今已有 70 多個國內地區的公營鐵路改為低底盤車種，身障者可以自行上下火車，暢行無阻。

車種介紹

主要行駛於瑞士的火車有 EC、EN、TGV、IC、ICE、IR、D、R、S Bahn。

- **EC（Eurocity）**：歐洲城市列車，運行於歐洲各國之間的國際特快列車。
- **EN（EuroNight）／ City Night Line**：歐洲城市夜間列車，連接蘇黎世和德國柏林、漢堡、奧地利維也納等大城市的國際臥鋪列車。
- **TGV（Train Grand Vitesse）**：法國新幹線，行經瑞士蘇黎世、日內瓦、洛桑和伯恩的快速列車。
- **IC ／ ICE ／ IR（Intercity ／ Inter City Express ／ Inter Regional）**：城市列車，主要運行於瑞士境內的特快列車、部分會跑國外線。
- **D ／ RE（Schell Zug）**：區間快車，停靠車站較多的快速列車。
- **R ／ REX（Regionalzug）**：普通區間車，車廂少，而停靠站多。連接各大都市和鄰近郊區鄉鎮。
- **S Bahn**：電聯車，於國內各大城市的公車、電車等系統形成龐大的網絡，讓居民活動範圍得以向城市周邊延伸。

購票

可使用下列方式購票：

1. 車站售票櫃檯。
2. 自動售票機。
3. 官網登入購票。
4. 手機下載 SBB Mobile 行動 APP 登入購票。

瑞士乘車通行證（Swiss Travel Pass）與瑞士青年票（Swiss Youth Pass）

除了可購買點對點的火車票外，瑞士交通局還針對不同的乘客推出了許多優惠票種且於 SBB 官網每個月也都會更換不同景點的優惠票。其中又以 Swiss Travel Pass 最為遊客所熟知。此種票主要分為連續數天的（Swiss Travel Pass）和一個月內任選數天的（Swiss Travel Pass Flexi）兩種票種。在使用期間內，可以任意搭乘瑞士境內除私鐵外的所有公共交通工具，如：火車、巴士、汽船等。

瑞士青年票則為提供給 16 歲以上至 26 歲的持卡青年，搭乘大眾運輸工具時，可享 75 折的乘車優惠。

瑞士乘車通行證成人票價

適用天數	連續數天的（Swiss Travel Pass）		一個月內任選數天的（Swiss Travel Pass Flexi）	
	頭等艙	二等艙	頭等艙	二等艙
3 天	CHF 336.0	CHF 210.0	CHF 382.0	CHF 239.0
4 天	CHF 402.0	CHF 251.0	CHF 458.0	CHF 286.0
8 天	CHF 581.0	CHF 363.0	CHF 651.0	CHF 407.0
15 天	CHF 704.0	CHF 440.0	CHF 774.0	CHF 484.0

瑞士半價卡（Half-Fare travel card）

　　半價卡為瑞士交通局為長期待在瑞士的居民推出的折扣卡。持卡搭乘瑞士境內公共交通工具，如：火車、巴士、汽船等，皆享有折扣，部分私鐵也享有折扣優惠票。卡片僅限個人使用，期限為一個月至一年。可依照停留時間長短與使用次數來決定是否購買。

申報與劃位

　　除了一些熱門觀光列車強制訂位，和長程火車建議額外加價訂位外，其餘一般火車由於座位數量多、班次密集，都只需要購買乘車券即可。

　　由於瑞士火車系統的身心障礙輔助設備規劃完善，除了部分車種需額外提前申報外，其他皆可自由搭乘。

申報服務
　　長途列車或國際線的輪椅席通常會有數量限制，而且席次多半位於一等車廂內。因此為避免碰上無身障座位的情形，建議在搭乘火車前，先行向火車公司申報。

火車訂位

　　預訂車位得額外酌收費用，每次 CHF 5，部分持頭等艙票種的乘客可免定位費。

火車班次查詢

　　瑞士聯邦鐵路公司官方網站上，可依乘客不同需求，找出適合身障者搭乘的火車及大眾運輸工具。網站上的身障標誌分五種不同層級，若碰上第 3 或第 5 種情形時，請諮詢相關服務人員。

　1. 身障者可獨立上、下車可能。

　2. 身障者可藉由工作人員協助乘車。

　3. 在提前申報、通知的情況下，藉由工作人員協助乘車。

　4. 使用輪椅之身障者無法乘車。

?　5. 無相關詳細資料。

身障者官方客服

‧ 請於上班時間 06:00 ～ 22:00 撥打瑞士免付費電話 0800-007-102，國外直撥 +41-5-22-78-44。
‧ 客服信箱：mobil@sbb.ch

乘車

　　瑞士現今已有八成以上的公營鐵路為低底盤車種，基本上底盤與月臺同高，身障者可以自行上下火車。這些火車內也都備有身障人士專用廁所和聽障、視障輔助設備，長程列車還配有充電插座，提供身障者輔具裝置使用。整體來說相當面面俱到。

　　此外，各火車站內設有火車時刻表，以顏色區分，黃框螢幕標示著火車發車時間。若有疑問，可向售票櫃檯或旅客中心洽詢。

　　通常火車發車時間都相當準時，因此建議身障者提前 15 分鐘前往火車站。

073

瑞士蘇黎世交通

機場到市區

位於蘇黎世北邊的蘇黎世國際機場（即 Flughafen Zürich 或 Kloten Airport，代碼 ZRH 或 LSZH）是瑞士境內最大的機場，設有 A、B ／ D、E 三個航廈和超過 170 間的商店和餐廳。機場共提供通往世界各地 62 個國家、196 個目的地的航班使用，其中往返申根國的飛機多於 A 航廈起降，非申根的飛機則於 B ／ D 和 E 航廈起降。由此國際機場到市區主車站可經由下列方式到達。

	起訖站	所需時間	車資	附註
輕軌火車 （S-Bahn）	從機場 Zürich Flughafen, Bahnhof 直達中央車站的 Bahnhofplatz ／ HB	10 ～ 15 分鐘 （5 ～ 10 分鐘一班）	*CHF 6.6	火車站位於機場中心下方
公車	從機場外巴士轉運站 Zürich Flughafen, Bahnhof 出發 至 Glatt valley、Zürcher Unterland 和 Zurich Oerlikon 等地區	60 分鐘左右 （10 ～ 60 分鐘一班）	*CHF 6.6	沒有直達市中心或中央車站，需轉車
10 號電車 （10 Tram）	從機場外巴士轉運站 Zürich Flughafen, Bahnhof 出發至中央車站的 Bahnhofplatz ／ HB	40 分鐘 （7 ～ 15 分鐘一班）	*CHF 6.6	─
計程車	─	約 20 分鐘	CHF 50 ～ 60	─

＊票價為橫跨 3 區／ 1 小時的普通車票。

蘇黎世市區交通

　　在瑞士第一大城市蘇黎世的市區鮮少看到因為車多擁擠造成交通癱瘓，其原因就在於大眾運輸十分便捷。城中公共交通以 15 條軌道電車為主，加上公車和輕軌火車輔助，形成一個緻密的網絡。而這些在蘇黎世街道穿梭的大眾運輸工具分別隸屬於 8 家公司營運，並由瑞士公共運輸協會 ZVV 統一整合，所以這些公共運輸使用的是同一個售票系統。雖然沒有現代化的捷運地鐵，但由於市區內平均不到 300 公尺就有一個車站，且 80％的大眾運輸系統皆已全面換成無障礙低底盤車種，因此身障者在蘇黎世內遊走絲毫不費力，非常方便。

蘇黎世電車與公車路線圖

電車（Tram）

　　蘇黎世的電車系統相較於歐洲其他城市而言，顯得頗為發達。運行於境內的電車路線共有 15 條，以中央車站為中心點，呈放射狀向四周延伸。其中運行於市區街道上的電車有九成以上是新型低底盤車種，旅客最常搭到的 6、10、12 號線路電車也不例外。此外在車站設有電子看板，顯示普通車種與低底盤車種的到站時間，因此旅客可以很清楚地知道還需要等待多久才能搭到車。

公車

　　圍繞著蘇黎世市區發展的公車系統在很早之前就已全面換新。現今在街道上看到的公車，不論是單節或雙節車廂，幾乎全數為低底盤車種。並且有超過一半的線路設有隨車拖板，供輪椅或娃娃車使用。此外，公車的編號有一個趨勢，越靠近城市中心的公車多為二位數，越向 110 區外圍則多為三位數號碼的公車。不論是哪一種皆可以在 ZVV 官網上下載到公車與電車的無障礙路線圖。

輕軌火車（S-Bahn）

　　輕軌火車在蘇黎世的交通上也是很重要的一環，連接至許多周邊地區。其所涵蓋的區域包括了整個蘇黎世外，還延伸到附近的幾個城市，如 Aargau、Schaffhausen、Schwyz、Thurgau and St. Gallen 等，以及德國邊境內。雖然主要的營運公司為瑞士聯邦鐵路公司 SBB，但其票價系統與市區電車和公車一致，使用單程票或通票皆可搭乘。

INFO TIPS

　　輕軌火車詳細無障礙車站月臺資訊，可於 ZVV 官網下載 S-Bahn 無障礙路線圖。

輕軌火車
　　雖然不是全部的輕軌火車皆為低底盤車種，但半數以上的車站月臺與列車底盤高度相當，或設有無障礙輔助乘車設備，因此無論任何車種皆可搭乘。

蘇黎世乘車票

　　蘇黎世乘車票種類選擇非常多，普通票、24 小時通票、離峰票券等。簡單的普通票主要分為單次與多次（六趟）兩種，再依照乘坐所橫跨的區域（1 至 7 區以上）來區分價錢。單次成人票價為 CHF 2.6 起。普通票時效性為一至二個小時（單一區域的為半小時，二至三區為一小時，跨四區以上為兩小時），在有效時間與區域內可不限次數搭乘。

　　24 小時通票也是依照橫跨的區域計算價錢，成人票價為 CHF 5.2 起。然而，若行程預計橫跨六、七個區域以上，並於上午九點後出發者，則可以選擇離峰通票。離峰票即為不分區的票種，有單次與多次（任意六天）兩種選擇，成人一天票價為 CHF 26.-。

　　此外，還有 24 小時與 72 小時的蘇黎世卡（Zurich Card），除了可無限搭乘市區大眾運輸（二等車廂）外，還可免費參觀多家博物館等景點，在一些餐廳或賣場也都有高達半價的折扣。成人 24 小時票價為 CHF 24.-，72 小時票價為 CHF 48.-，可搭配欲參觀的景點做選擇。

　　上述所有乘車票皆可於各大車站售票窗口或售票機購買。

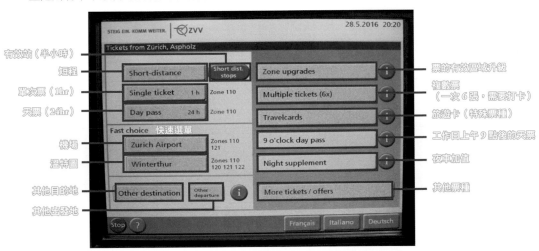

有效站（半小時）	Short dist. stops
短程	Short-distance
單次票（1hr）	Single ticket 1 h　Zone 110
天票（24hr）	Day pass 24 h　Zone 110
機場	Zurich Airport　Zones 110 121
溫特圖	Winterthur　Zones 110 120 121 122
其他目的地	Other destination
其他出發地	Other departure
票的有效區域升級	Zone upgrades
複數票（一次 6 張，需要打卡）	Multiple tickets (6x)
旅遊卡（特殊票種）	Travelcards
工作日上午 9 點後的天票	9 o'clock day pass
夜車加值	Night supplement
其他票種	More tickets / offers

快速選單　Fast choice

INFO

實用路線規劃 APP

　　瑞士公共運輸協會 ZVV 與瑞士聯邦鐵路公司 SBB，都有推出手機在線查詢車班與路線規劃的免費 APP（SBB Mobile 與 ZVV-Timetable），兩者都可以在查找時勾選無障礙乘車的選項，對身障者而言非常方便與實用。

TIPS

　　由於蘇黎世車票是依照行駛區域與時間計算，因此在選擇住宿地點時亦要將乘車時間以及與景點的距離一起考慮，才不至於花費大量時間和金錢在交通上。

· 瑞士公共運輸協會 ZVV 官網：http://www.zvv.ch/zvv/

077

蘇黎世景點

蘇黎世的第 1 行政區老城區（Altstadt），位於蘇黎世湖與利馬特河相接處沿岸地區，這裡有包含市政廳、林登霍夫、聖母教堂、中央車站、班霍夫大街等主要景點。

瑞士、蘇黎世官方旅遊網站內有各旅遊景點詳細介紹。
· 瑞士官方旅遊網站：http://www.myswitzerland.com/
· 蘇黎世官方旅遊網站：https://www.zuerich.com/

蘇黎世火車總站（Zürich Hauptbahnhof／Zürich HB）

蘇黎世火車總站，簡稱 Zürich HB，是瑞士境內最大的火車站。此車站是一個重要的鐵路樞紐，每天有多達近 3,000 班列車進出，囊括所有往返瑞士和鄰近歐洲國家，如德國、義大利、奧地利和法國的國際鐵路線道，是世界上相當繁忙的火車站之一。

火車站內部為大型地下購物中心，設有 200 多家店鋪。因蘇黎世法律規定公共運輸中心以外的商家週日不可營業，所以假日時常可以看到當地人特地到火車站內的超商補貨。且火車站內的商店總是開得較晚的，加上一樓大廳也時常舉辦蔬菜、跳蚤、聖誕市集和露天電影院等活動，使蘇黎世火車總站每天都熱鬧非凡。

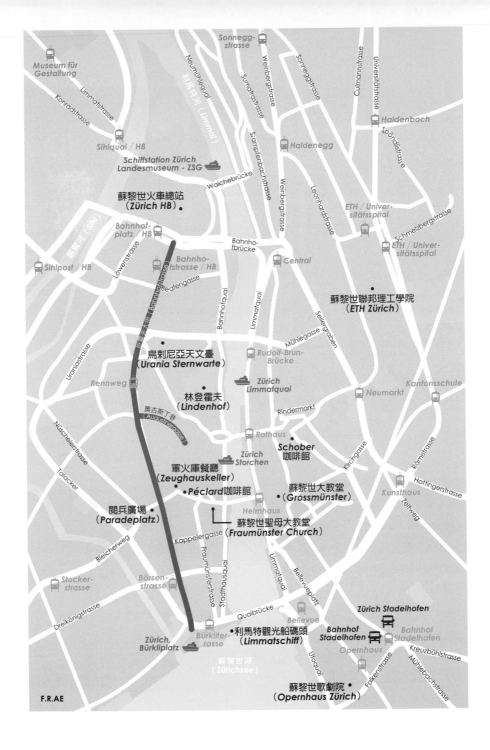

蘇黎世火車總站
· 商店開放時段：週一至週六 07:30 ～ 20:30、週日部分商店照常營業。
· 地址：8001 Zürich, Switzerland
· 交通：搭乘電車 3、4、6、11、13、14、15、17 號線，或公車 46 號線至 Bahnhofstrasse ／ HB 站。

班霍夫大街（Bahnhofstrasse）

　　在蘇黎世火車總站正對面有一條全世界最奢華昂貴的購物大街──班霍夫大街。這裡網羅了全球許多國際知名品牌，如卡地亞、香奈兒、迪奧、愛馬仕、喬治·阿馬尼、LV、Tiffany 等等。而象徵財富的瑞士銀行 UBS 和 Credit Suisse 的總部就位於班霍夫大街底端的閱兵廣場（Paradeplatz）上，有名的軍火庫餐廳（Zeughauskeller）也在附近。但由於整條大街為步行區，僅允許電車運行，因此不論客人多有錢，都只能步行或搭乘大眾運輸進來逛這些精品店。

班霍夫大街
· 商店開放時段：平日 10:00 ～ 18:30、週六 10:00 ～ 17:00。
· 地址：Bahnhofstrasse, 8001 Zürich, Switzerland
· 交通：搭乘電車 6、7、11、13、17 號線至 Bahnhofstrasse ／ HB 站。

TIPS

　　班霍夫大街上沒有高起的車站，且穿梭其間的電車幾乎都是低底盤車種，並附有電動式伸縮輔助斜坡，輪椅或娃娃車可以輕易地自行上下車。

蘇黎世聖母大教堂（Fraumünster Church）與蘇黎世大教堂（Grossmünster）

　　蘇黎世聖母大教堂為西元 853 年建立的女子修道院。創立初期，因國王授權開設市集、鑄造貨幣並徵收通行費，使得這座本篤會修女院的政治地位相當崇高，整個蘇黎世市區皆為其管轄範圍。直至 14 世紀修女院的權力才逐漸收縮，開始出現不受修女院支配的獨立的市長。成立至今，聖母大教堂的建築亦經歷過多次重建，其藍綠色尖塔鐘樓最終於 18 世紀建成。內部彩色玻璃窗是由藝術家夏卡爾（Marc Chagall）於 1970 年所完成的作品，許多遊客便是為一睹大師作品風采而慕名前來。

　　羅馬式風格的蘇黎世大教堂位於利馬特河對岸，與蘇黎世聖母大教堂並列，為蘇黎世四大教堂之一。這座於西元 1100 年前後創建的蘇黎世大教堂實際上也是一座修道院，其所在地原為羅馬人的墓地。在中世紀時，與河對岸的聖母大教堂形成相互競爭的關係，並且在後來瑞士德語區一系列的宗教改革運動上，包括取消四旬齋、改變彌撒、允許在齋戒日吃肉等，扮演著重要的角色。

 INFO

蘇黎世聖母大教堂
- 開放時段：11 月至隔年 2 月 10:00 ～ 17:00、3 月至 10 月 10:00 ～ 18:00；不分平假日。
- 地址：Stadthausquai 19, 8001 Zürich, Switzerland
- 交通：搭乘電車 2、8、9、11 號線至 Börsenstrasse 站，再步行 5 分鐘；或是搭 4、15 號電車到 Helmhaus 下車。
- 官網：http://www.fraumuenster.ch/
- 其他：教堂內禁止拍照。

蘇黎世大教堂
- 開放時段：11 月至隔年 2 月 10:00 ～ 17:00、3 月至 10 月 10:00 ～ 18:00；不分平假日。
- 地址：Grossmünsterplatz, 8001 Zürich, Switzerland
- 交通：搭乘電車 4 號線至 Helmhaus 站，再步行 5 分鐘；或從蘇黎世聖母大教堂步行 5 ～ 10 分鐘。
- 官網：http://www.grossmuenster.ch/

081

林登霍夫
- 地址：Lindenhof, Zurich 8001, Switzerland
- 交通：搭乘電車 6、7、11、13、17 號線至 Rennweg 站，再往河的方向步行 10 分鐘。

林登霍夫（Lindenhof）

位於蘇黎世老城區內一座小丘陵上的林登霍夫是個其貌不揚的社區小公園，距離班霍夫大街步行不到 10 分鐘的路程。整座公園充滿了樹木林蔭，顯得相當寧靜、可愛。廣場上設有巨大的西洋棋盤，時常可以看到一群老爺爺在聊天下棋。再搭配耳邊傳來清脆悅耳的鳥鳴聲，公園的氛圍相當令人放鬆。

然而，事實上林登霍夫卻擁有蘇黎世市區最吸睛的景色。坐在公園旁即可俯瞰利馬特河岸邊一整排古樸的房舍，以及原先在平地看來高聳的蘇黎世大教堂。與郊區尤特里山丘的廣闊視野不同，林登霍夫的景致是較為平易近人的。但也因為在此能用這樣獨特的視角欣賞蘇黎世的美，而使這個小公園成為蘇黎世的必訪景點之一。不妨約三五好友帶些輕食、飲品到林登霍夫公園，享受一下清新的午後。

奧古斯丁巷（Augustinergasse）

老城區內還保存許多充滿歷史文化的中世紀建築、房舍和鵝卵石小巷，其中奧古斯丁巷就是一個有名的例子。在中世紀時，奧古斯丁巷聚集了許多蘇黎世工匠定居在此，形成一個獨特的商業街。現今這些民房大多已改為有特色的商店和餐館。奧古斯丁巷位置較為隱密，從蘇黎世聖母大教堂旁的巷子進來，5 分鐘的路程即可抵達，沿著石子路走，可連接到班霍夫大街。雖然這條巷子並不算長，但由於仍保有典型的中世紀木雕窗臺和五顏六色的房子，使得這些位於奧古斯丁巷內的特色商店、餐廳和咖啡館成為遊客前往覓食、歇腳駐足的地方。

奧古斯丁巷
- 地址：Augustinergasse, 8001 Zürich, Switzerland
- 交通：搭乘電車 6、7、11、13、17 號線至 Rennweg 站或 4 號線至 Rathaus 站，再步行 5～10 分鐘。

奧古斯丁巷弄間為禁止車輛通行的徒步區，且路面為平坦的石磚道，走在其中有股愜意隨興的感覺。

蘇黎世湖（Lake Zürich／Zürichsee）與利馬特河（Limmat）

　　形狀宛如一根香蕉的蘇黎世湖位於蘇黎世市區的東南端，面積 88.66 平方公里，約為 11 個日月潭的大小。其湖水源自於阿爾卑斯山的冰川雪水，經過林特河（Linth）注入蘇黎世湖中，再從西北邊的利馬特河流出，並穿過蘇黎世市區。湖邊有著許多著名的美麗住宅區，如北邊的黃金海岸區，有著許多雄偉的高級住宅和海岸別墅。由於蘇黎世湖的水質乾淨清澈，因此暑假期間到湖邊戲水成了蘇黎世市民喜愛的活動之一，也時常可以看到水鳥、天鵝與小孩玩成一片的情景。此外，每年八月的街頭派對 Street Parade ──世界上最大的電子音樂活動之一，也是在蘇黎世湖畔舉行，吸引了世界各地的電子音樂迷們來到利馬特河畔參加這個電音盛會。

INFO

蘇黎世湖
- 交通：搭乘電車 2、5、8、9、11 號線至 Bürkliplatz 碼頭站或 Bellevue 站；搭公車 161、165 線至 Bürkliplatz 站，或搭 912、916 線至 Bellevue 站。

083

蘇黎世歌劇院（Opernhaus Zürich）

　　新巴洛克式建築風格的蘇黎世歌劇院共有 800 個座位，可同時容納 1,100 人。其前身是公共劇院和教堂於 1891 年改建而成，是一座小而精緻的劇院。雖然劇院座位不多且部分席次的視野較差，但因每年所舉辦的 300 多場高藝術水平的歌劇、芭蕾舞表演、音樂會及演唱會都是絕對珍藏版，因此蘇黎世歌劇院和法國里昂（Lyon）歌劇院一樣，是當今深受矚目的劇院之一。除了表演戲曲外，蘇黎世歌劇院還被公認為全球培訓演唱新秀的重要機構之一，並致力於提拔有才華的青年藝術家，所以來此觀看表演的時候不難發現，在舞臺布景和劇目編排上時常會加入許多創新的想法和元素。在開演前半小時有學生票釋出，有機會利用 20CHF 坐到 200CHF 的包廂。

蘇黎世歌劇院
· 地址：Falkenstrasse 1, 8008 Zürich, Switzerland
· 交通：搭乘電車 2、4 號線或公車 912、916 線至 Opernhaus 站。
· 官網：http://www.opernhaus.ch/en/

蘇黎世聯邦理工學院（ETH Zürich）

　　瑞士唯二的兩家聯邦大學，蘇黎世聯邦理工學院（Eidgenössische Technische Hochschule Zürich，簡稱 ETH Zürich）和位於法語區的洛桑聯邦理工學院（École polytechnique fédérale de Lausanne，簡稱 EPFL），是享譽全球的世界頂尖研究型大學。

　　其中位於蘇黎世德語區的聯邦理工學院，更是連續多年位居歐洲大陸高校翹楚，與美國麻省理工學院享有同樣高的聲譽，並為全球綜合排名前 8 名的大學、資訊工程學系目前全球排名第一。自 1855 年創校以來，誕生了 21 位諾貝爾獎得主，其中包括推導出光電效應的愛因斯坦。學校目前擁有 26,000 多名師生，分布於 16 個學系，教研領域涵蓋工程學、自然科學、社會科學和管理科學等。

這所歐洲第一名大學的主校區就位於蘇黎世中心新城區內，於 1864 年由建築系教授高特弗雷德任佩設計建成，並於 1916 至 1919 年由古斯塔夫古爾改建。其中主圖書館是瑞士最大的圖書館，館藏書報、地圖資料多達 690 萬件，是瑞士的科技資訊中心。而北邊 Hönggerberg 山丘上的新校區與主校區僅相隔約 5 公里的距離，兩者之間有免費接駁車往返，平均車程約 15 分鐘。

TIPS

Polyball 年度舞會和沃爾夫岡・包立（Wolfgang Joseph Pauli）講座

　　號稱歐洲最盛大舞會的 Polyball 年度舞會於每年 11 月底舉行，是蘇黎世聯邦理工學院每年定期舉辦的大型活動之一。舞會對外售票，並於前一週將整棟學校主樓封閉、布置成舞會會場，每個廳和教室都有不同的主題，非常熱鬧。

　　沃爾夫岡・包立為蘇黎世聯邦理工學院已故物理學教授，曾經以包立不相容原理獲得諾貝爾獎。為紀念包立，學校於每年十二月至一月間舉辦為期一個禮拜的「沃爾夫岡・包立講座」，邀請當代著名科學家至學院演講，其內容多以數學、物理、生物學等自然科學領域為主。

INFO

蘇黎世聯邦理工學院主樓
- 地址：Rämistrasse 101, 8092 Zürich, Switzerland
- 交通：搭乘電車 5、6、9、10 號線至 ETH ／ Universitätsspital 站。或 6、7、10 號線至 Haldenegg 站，再步行 15 ～ 20 分鐘。或坐 3、4、6、7、10、11、15 電車或是 31、33、34、46 公車到 Central 站，再搭乘空中電車 Polybahn（傍晚會關閉）到 Polystrasse ETH 站。
- 官網：https://www.ethz.ch/en.html

玫瑰之城（Rapperswil-Jona）

　　蘇黎世湖東邊的玫瑰之城，德文又稱 Rosenstadt，是個位於半島上擁有浪漫情懷的小古城。玫瑰城小鎮的老城堡塔樓是古代貴族居住的地方，內有兩座雅緻的玫瑰花園，加上城區盲人所建造的玫瑰園，小鎮裡共有三座玫瑰園，全都專門培育不同品種的玫瑰。每年 6 至 10 月夏季期間，小鎮裡超過 15,000 個花叢、600 多個品種的玫瑰花競相齊放。這個距離蘇黎世乘車或乘船僅需 30 分鐘的玫瑰小鎮不大，卻有種浪漫古典美，空氣中還飄散著陣陣青草和花香，非常迷人。

INFO

玫瑰之城
- 開放時段：三月至十月，每週三、六、日 11:00 ～ 18:00。
- 地址：Fischmarktplatz 1, 8640 Rapperswil
- 交通：從 Zürich HB（SP）火車總站搭乘輕軌火車 S7、S15 至 Rapperswil（SP）站；或搭乘電車 2、5、8、9、11 號線至 Bürkliplatz 碼頭站，轉搭遊湖船，約莫 2 小時抵達 Rapperswil。
- 官網：http://www.vvrj.ch/de/

玫瑰城雖然不大，但卻網羅許多美好的事物，包含貴族城堡、動物園、博物館、水上樂園、美麗的湖畔步道等，非常適合一家大小前往踏青。

尤特里山丘（Uetliberg）

高 869 公尺的尤特里山丘位於蘇黎世的西南邊，是全區登高望遠最好的地點。從山腳漫步到山頂來回約莫一個小時，全為林蔭斜坡。山丘頂上有一間飯店和一座私人鐵塔，遊客可選擇至飯店餐廳用餐，或者付費登塔，欣賞蘇黎世 360 度的全市景。山丘上視野非常遼闊，白天可以看到蘇黎世日出和日落的景色，晚上可以看

到萬火通明的夜景。由於距離市中心不遠，搭乘輕軌不到半個小時即可抵達，因此尤特里山丘之於蘇黎世市民就彷彿是自家後院般的存在，非常適合全家大小騎自行車或遠足去。

INFO

尤特里山丘
- 開放時段：同觀景臺開放時段 08:00 ～ 24:00。
- 票價：觀景臺票價 CHF 2.-。
- 地址：Uetliberg, 8143, Switzerland
- 交通：從 Selnau 火車站搭輕軌火車 S10 至 Uetliberg 站，再步行 20 ～ 25 分鐘。
- 官網：http://www.uetliberg.ch/en/

TIPS

因部分上山斜坡較陡，所以也可以選擇到山頂飯店的景觀餐廳用餐，並在訂位時詢問餐廳的接駁車資訊。此外，尤特里山丘上的風較大，建議多帶防風禦寒衣物。

布魯諾 · 韋伯公園（Bruno Weber Park）

一個大小約 20,000 平方公尺的藝術公園，由一位藝術家布魯諾 · 韋伯（Bruno Weber）用 50 多年的時間在 Dietikon 和 Spreitenbach 上方的森林邊緣設立。園內有許多稀奇古怪的大型雕塑作品，如印度水井女神、魔法森林、怪物頭像，以及特有風格建築，如蛇橋、水上花園、童話城堡別墅等，都是韋伯獨立創作完成。這些大型裝置藝術與雕像體現了實體建築與大自然的互動關係，並被視為無與倫比的世界級藝術作品。然而布魯諾 · 韋伯公園曾一度因為財政問題而關閉，直至 2015 年 4 月才正式宣布重新對外開放。所以這個位於蘇黎世郊區的特色公園實則為當地民眾的祕密景點，遠離總是充滿遊客的觀光地區與擁擠的城市，是個適合全家出遊、拍照、遛小孩的好地方。

INFO

布魯諾 · 韋伯公園
- 開放時段：3 月 26 日至 10 月 30 日，每週三、六、日 11:00 ～ 18:00。
- 票價：成人 CHF 18、26 歲以下學生 CHF 14.-、6 ～ 16 歲兒童 CHF 10.-、3 ～ 5 歲兒童 CHF 6.- 與身障者免費。
- 地址：Zur Weinrebe 3, 8953 Dietikon, Switzerland
- 交通：搭乘輕軌火車 S3、S12、S19、S42 至 Dietikon（SP）站，轉乘公車 325 路線至 Weinberg 站或 306 路線至 Stadthalle Ost 站，再步行 14 ～ 19 分鐘。
- 官網：http://www.brunoweberpark.ch/

阿爾卑斯山
輕旅行

　　橫亙歐洲的屋脊──阿爾卑斯山，除了是歐洲多條大河，（如多瑙河）的發源地外，還出產銷售遍及全球，以其乾淨融雪做成的礦泉水。由於其掌管了歐洲的重要水資源，以及遍地的美景，使得阿爾卑斯山成為了歐洲著名的觀光勝地。

　　實際上阿爾卑斯山是位於歐洲中心的一座山脈，由 128 座海拔超過 4,000 公尺的山峰組成。其面積涵蓋了義大利北部邊界、法國東南部、瑞士、列之敦士登、奧地利西部、德國南部及斯洛維尼亞。而其中高度達海拔 4,810 公尺的山峰：白朗峰、素有歐洲之巔美名的少女峰，以及某知名三角巧克力上的標的馬特洪峰都位於瑞士境內。正因為如此，瑞士每年都吸引了大批遊客前來一窺阿爾卑斯山的多樣面貌。

INFO

瑞士登山協會

　　瑞士登山協會官網上有多條特別為身障者規劃的無障礙路線，並記載了詳細交通、步道概況與廁所等資訊，供輪椅族參考。
・瑞士登山協會官網：http://www.wanderland.ch/en/

TIPS

輪椅也能上的登山健行路線

　　或許有些人會想：「一個乘坐輪椅的人嚷著要爬山，別開玩笑了！」但其實瑞士境內有許多政府認證的輪椅登山路線，只要鼓起勇氣，照著路牌指標走，輪椅族也可以輕鬆享受健行的滋味。

馬特洪峰（Matterhorn）與策馬特（Zermatt）

　　位於瑞士南邊的馬特洪峰是阿爾卑斯山脈中最著名的一座。其外觀為四面陡峭的四方錐體，是典型冰河侵蝕作用下的產物。當地人依其突出的形狀將它命名為 Matterhorn，帶有山谷／草地上的（號）角的意思。由於馬特洪峰尖尖的外形，造成攀爬技術上的困難與登山家們心理上的恐懼，使之成為阿爾卑斯群山中最後被征服的主峰。時至今日，因為登山技術的持續突破，已使得山勢雄偉的馬特洪峰不再那麼遙不可攀。

　　位於馬特洪峰山腳下，海拔 1,610 公尺的策馬特是瑞士著名的觀光山城之一，一年四季充滿了來自世界各地前來賞景、滑雪、登山的旅客。光從小鎮擁有高密度的旅館飯店這一點來說，不難發現整個小鎮的發展與觀光產業緊密相連。然而因此至今每一位來到這座迷人山城的遊客，仍能漫步在乾淨整潔的街道上，並大口呼吸到最零汙染的清新空氣。

策馬特

・交通：

1. 搭火車：在蘇黎世的 Zürich Hauptbahnhof
   站或日內瓦的 Gare de Genève-Cornavin 站
   搭火車至 Brig 或 Visp 站，轉乘低底盤輕
   軌火車或冰河列車至策馬特。
2. 自行開車：可將車輛停在 Täsch 火車站附
   近的 Matterhorn Terminal Täsch 公共室
   內停車場，再轉乘低底盤輕軌火車至策
   馬特。

・策馬特觀光局官網：http://www.zermatt.ch/

冰川天堂（Matterhorn Glacier Paradise）空中纜車

往馬特洪峰的 Zermatt Bergbahnen 纜車站
距離火車站 1.2 公里，向南（出火車站後右轉
直走）徒步約莫 25 分鐘的路程。此站可搭至
離馬特洪峰最近的纜車站冰川天堂，沿途需於
Furi 和 Trockener Steg 纜車站換乘兩次纜車。

為維護策馬特居民的居住環境品質，當地政府法律明文規定禁止任何汽車通行。因此若想在小鎮觀光，除了乘坐馬車與電動計程車，僅可以步行或騎腳踏車。但不需要擔心，本書介紹的路線是避開崎嶇難走的部分，但風景依舊美不勝收的登山步道。這步道從策馬特出發，不僅坡道平緩，且路面也沒有什麼階梯或障礙物，最棒的是可以在落葉松的樹陰下享受森林內的芬多精，非常值得推薦。

倘若真不想爬坡，也可以改乘坐纜車攻頂。從山頂上 4,000 多公尺高的觀景臺可以看到不同面向的馬特洪峰，並且在這裡的景觀餐廳用餐也是不錯的選擇。

冰河列車（**Glacier Express**）

　　被譽為「全球最慢快車」的冰河列車是全歐洲知名度最高的景觀列車之一。從東部聖莫里茲到南部策馬特，全長共 280 公里的路程，共跨越 291 座橋梁、穿過 91 條隧道，並且會從萊茵河峽谷一路爬坡至高 2,033 公尺的高空。總共 8 個小時的路程，卻一點也不無聊，但若時間有限也可搭乘部分路段。旅客不僅能在途中欣賞湖泊、陡峭的懸崖和原始森林的美麗景色，並可以選擇在沿途 6 個車站中途下車遊玩或轉乘。

TIPS

　　從圖西斯（Thusis）開往聖莫里茲的阿布拉線（Abula line），會經過高 65 公尺的蘭德瓦薩拱橋（Landwasser viaduct），是冰河列車最為人津津樂道的一段。此時若選擇坐在冰河列車末節車廂內，可拍攝到火車欲經過超高拱橋要開進山洞裡的迷人景象，也就是冰河列車最有名的宣傳風景照之一。

冰河列車路線圖

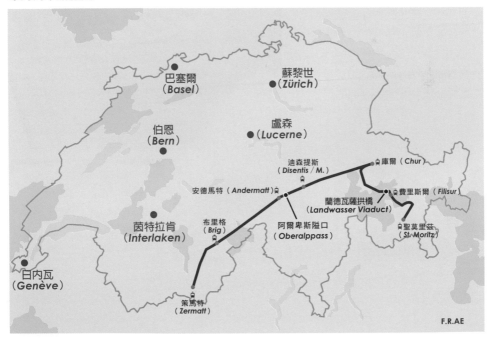

巴塞爾
（**Basel**）

蘇黎世
（**Zürich**）

伯恩
（**Bern**）

盧森
（**Lucerne**）

迪森提斯
（**Disentis / M.**）

庫爾（**Chur**）

安德馬特（**Andermatt**）

蘭德瓦薩拱橋
（**Landwasser Viaduct**）

費里斯爾（**Filisur**）

茵特拉肯
（**Interlaken**）

布里格
（**Brig**）

阿爾卑斯隘口
（**Oberalppass**）

聖莫里茲
（**St. Moritz**）

日內瓦
（**Genève**）

策馬特
（**Zermatt**）

F.R.AE

必吃美食與必敗小物

必吃美食

- 阿爾卑斯山通心粉 Älplermagronen 與蘋果泥通心粉。
- 馬鈴薯煎餅（Rösti）。
- 巧克力鍋（Chocolate Fondue）。
- 白香腸（Weisswurst）。
- 莫凡彼冰淇淋（Mövenpick）。

起士料理

- 瑞士起士 Emmental、Vacherin Mont-d'Or、Tete de Moine、Le Gruyere、Sbrinz。
- 起士鍋（Cheese Fondue）。
- 烤起士（Raclette）。

必敗

- 瑞士刀。
- 瑞士蓮巧克力（Lindt）。
- 牙膏狀佐料。

軍火庫餐廳（Zeughauskeller）

　　軍火庫餐廳位於班霍夫大街與帕拉德廣場旁的巷子內，由於原為中世紀建造，用於存放軍事用品的場所，故因此而命名。餐點中以香腸、炸肉排、馬鈴薯煎餅等為主。其中相當有特色的為「掃大砲」和「市長寶劍」兩道香腸料理，味道特殊，很值得一試。

INFO

軍火庫餐廳
- 地址：Bahnhofstrasse 28A, 8001 Zürich
- 開放時段：一～日 11:30 ～ 23:00。
- 官網：http://www.zeughauskeller.ch/

095

奧地利：
維也納

PART 4

奧地利簡介

奧地利無障礙指標

大眾運輸

人行道路　　　　　　景點無障礙設施

網路資訊　　　　　緊急醫療

- **國名：**
  奧地利共和國（Republik Osterreich），英文 Republic of Austria。
- **國際代碼：** AT 或 AUT。
- **首都：** 維也納（Wien）。
- **語言：** 德語。
- **宗教：** 主要宗教信仰為羅馬天主教，占總人口 74%，另有 5% 信基督教。
- **從臺灣出發時間：** 從臺北到奧地利（在曼谷停留或香港轉機），約 16 ～ 17 小時。
- **時差：** 夏季比臺灣晚 6 個小時，冬季比臺灣晚 7 個小時。
- **商店時間：**
  一般商店：星期一至星期六 09:00 ～ 18:00，星期日與例假日休息。
- **貨幣：** 奧地利通行的貨幣為歐元。€1 ≒ 新臺幣 34.4 元（2016 年 11 月）。
- **電壓：** 奧地利電壓 220V、頻率 50Hz。為兩圓形孔的 C 型插座。

· 氣候 & 節慶：

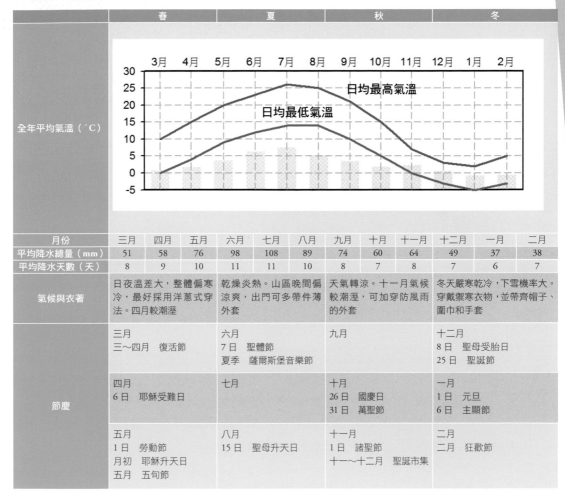

月份	三月	四月	五月	六月	七月	八月	九月	十月	十一月	十二月	一月	二月
平均降水總量（mm）	51	58	76	98	108	89	74	60	64	49	37	38
平均降水天數（天）	8	9	10	11	11	10	8	7	8	7	6	7

氣候與衣著	日夜溫差大，整體偏寒冷，最好採用洋蔥式穿法。四月較潮溼	乾燥炎熱。山區晚間偏涼爽，出門可多帶件薄外套	天氣轉涼。十一月氣候較潮溼，可加穿防風雨的外套	冬天嚴寒乾冷，下雪機率大。穿戴禦寒衣物，並帶齊帽子、圍巾和手套
節慶	三月 三～四月　復活節	六月 7 日　聖體節 夏季　薩爾斯堡音樂節	九月	十二月 8 日　聖母受胎日 25 日　聖誕節
	四月 6 日　耶穌受難日	七月	十月 26 日　國慶日 31 日　萬聖節	一月 1 日　元旦 6 日　主顯節
	五月 1 日　勞動節 月初　耶穌升天日 五月　五旬節	八月 15 日　聖母升天日	十一月 1 日　諸聖節 十一～十二月　聖誕市集	二月 二月　狂歡節

· 飲用水：

　　由於奧地利人常自家釀酒，非常注重飲水品質，並且花費了非常多的精力在水源的維護上，因此通常水龍頭的水是直接可以用來生飲的。就連許多路邊的噴泉也是來自山上的泉水。然而奧地利的水質石灰含量偏高，如果喝不習慣，亦可以至超商買礦泉水（Mineralwasser），其中無碳酸氣泡礦泉水會標示 Ohne Gas。

- 小費：

　　在奧地利上餐館有付小費的習慣，一般是費用的 5 ～ 10%，搭計程車則是 5%。若住飯店一般也要給客房服務人員€ 1，上廁所若遇到管理員亦需付€ 0.3 ～ 0.5。

- 生病就醫：

　　一般歐洲人生病習慣先到藥局 Apotheke 購買成藥。但是在奧地利，政府規定抗生素、消炎藥和止痛藥等屬於處方藥物 Rezept，是無法隨意販售的。因此若生病不舒服，就到住的地方的診所看醫生吧。且公立醫院也設有 24 小時的急診中心 Notaufnahme，若有緊急突發狀況，可盡速前往就診。此外，如果為慢性病患者需定期血液透析治療，則請於四個星期前電話預約看診。

INFO

- 在奧地利用來找尋適合之醫院與診所的網站：www.docfinder.at
- 網站中文介紹：http://www.aiweibang.com/yuedu/28761933.html

- 保險：

　　過去歐洲許多國家的政府曾有強制外國遊客在入關前出示英文保險證明，奧地利就是其中之一。這是為了避免旅客不幸得到醫院看病，卻付不出醫藥費的情況發生。因此若短期到奧地利遊玩會建議在臺灣先買好保險。

　　此外若在奧地利有保當地健保，到一般診所看診是全額補助的。但有些診所並沒有與健保合作，所以看診前需先確定是否為私營 optional。

- 急難救助：

　📞 報警 133、消防電話 122、救護車 144、緊急醫療服務（Ärztenotdienst）141
　📞 駐奧地利代表處電話（01）212-4720
　　地址 Wagramer Str. 19/11. Og, a-1220 Vienna Austria

- **維也納觀光網站上的身障者服務英文資訊**：https://www.wien.info/en/

奧地利火車交通資訊

奧地利火車搭乘指南

　　擁有全球第一條世界遺產高山鐵道的奧地利國鐵（Österreichischen Bundesbahnen, ÖBB），是東歐鐵路中最穩定，且身障設施做得較為完善的鐵路公司。所提供的高速火車隨車幾乎都配有身障車廂和小型升降梯，讓所有乘客都能舒適地透過火車至國內各地旅遊。據火車公司估計，全奧地利目前有超過一億人口為暫時或永久性的殘疾或老年人士，因此火車公司正積極增建許多便民設施，讓國內外旅客至奧地利各大城市中走跳沒有任何阻礙。

車種介紹

- **Railjet**：超高速特快車，最高時速達 230km/hr。主要線路有兩條，分別為從維也納向南至義大利威尼斯，以及從德國橫跨奧地利到東邊的布達佩斯。
- **OEC（ÖBB EuroCity）**：奧地利歐洲城市列車，路線由奧地利向外延伸，至德國、瑞士、義大利、波蘭等國。
- **OEN（ÖBB EuroNight）**：夜間行駛的歐洲城市列車，設有臥鋪車廂。有提供輪椅可舒適進出的臥鋪，事先申報預訂，不僅有機會能以極優惠價位訂到好位子，且可避免與他人共擠走道狹小的車廂。

101

- **IC（Intercity）**：城市列車，如同國內自強號，屬於速度較快的特快車。運行於奧地利境內各大城市，班次約為每小時一班。
- **R／RB／RE／REX**：普通區間車，班次頻繁，車廂少而停靠站多。由各大城市向郊區延伸。
- **S-Bahn**：電聯車，班次頻繁。與國內各大城市的地下鐵 U-Bahn、公車、電車等形成龐大的網絡，讓居民活動範圍得以向城市周邊延伸。

購票

可使用下列方式購票：

1. 車站售票櫃檯。
2. 自動售票機。
3. 官網購票。
4. 手機下載 ÖBB Scotty 行動 APP，登入購票。

櫃檯購票時，火車票上會標示為欲搭車日起至當週六日的有效期。但仍以實際乘車，查票員打上的日期為準，此日內可於票面上標註之路段內的所有停靠站任意下車。

奧地利半價卡（Vorteilscard）與 Summer ticket

奧地利國鐵推出的半價卡 Vorteilscard，持卡於官網或售票機上購票享有半價優惠，在櫃檯購票則享五五折優惠。卡片以年齡層劃分為成人一張 99 €、26 歲以下 19 €、61 歲以上的長者 29 €。卡片僅限個人使用，期限為一年。可依照停留時間長短與使用次數來決定是否購買。

Summer ticket 則為每年夏季推出的優惠卡，僅提供給已持有 Vorteilscard 的人購買。持卡人可於七月至九月在奧地利境內免費搭乘 ÖBB 火車。每張 49 €，同樣只限個人使用。

若持以 Eurail Pass 等通票搭乘臥鋪時需另補差價，填寫的日期以過夜後那天的日期為準。

身障者只需要持有英文版身障證明書和身心障礙者之護照，即可享有 50%的購票優惠，不需要額外申辦 Vorteilscard 半價卡。

英文版身障證明書之申請辦法，詳見 PART 1 行前準備的「證件」小節。

TIPS

> **身障優惠**
> 　　奧地利國鐵 ÖBB 對於身心障礙者提供了許多優惠票，甚至部分火車與各大觀光景點門票的合購優惠票也有半價的折扣，並且官網上和各大背包客網站上都有詳細的購票步驟説明。

申報與劃位

　　奧地利鐵路車票與座位是分開來賣的，若只購買乘車票可保證可以搭車，但不保證會有座位。所以搭乘長途、國際線或一定要有座位的旅客，則可以選擇是否需額外購買訂位票。

　　此外，身障者享免費申報與訂位的服務，可於一天前使用官網提供的免費客服系統或至車站客服櫃檯申報，並主動告知乘客的基本資訊、欲搭車的日期、時間、班次，讓鐵路公司及早為您做安排。部分車站（如：維也納、薩爾斯堡、因斯布魯克、林茲等）僅需在出發前三小時做申報即可。

INFO

火車訂位

　　預訂車位得額外收費，每次 6 €，部分持頭等艙票種的乘客可免訂位費。

奧地利國鐵身心障礙者官方客服
· 官方電子申報網站位置：https://www.oebb.at/en/
· 奧地利國鐵 24 小時免費客服專線：+43（0）5-1717

TIPS

身障者申報無須額外付費

　　奧地利國鐵火車公司收到申報後旋即會派專人協助，事先安排座位給身障者與一名陪同人員。更貼心的是此項服務並不會額外收取任何手續費用。再加上長途列車或國際線的輪椅席通常會有數量限制，而且席次多半位於一等車廂內。因此建議在奧地利遊玩的身障者，在搭乘火車前，先行向火車公司申報，可以減少許多乘車不必要的麻煩。

乘車

　　搭超高速特快車（Railjet）、奧地利歐洲城市列車（OEC）與夜班車（OEN）等國際線，火車上不僅隨車配有輪椅乘車系統、輪椅席、陪同席和寬敞的身障廁所，還提供電動輪椅充電插座及視障者所需的觸覺設施。

　　部分城市列車（IC）與電聯車（S-Bahn）仍屬舊型的高底盤車種，所以需要有 ÖBB 鐵路局人員協助乘車的身障朋友，應避免於無人車站上、下車。

　　而由大城市出發（如：維也納）的 ÖBB 區間車種，則多已改成低底盤車種，其高度與月臺相同，不須擔心乘車問題。

Westbahn

Westbahn 是奧地利一間私營的火車公司，主要路線往返於維也納 ⇆ 林茲 ⇆ 薩爾斯堡，相同路線車票價錢為國鐵 ÖBB 的一半（維也納 ⇆ 薩爾斯堡，單程票價 24.9 €）。且 Westbahn 多為雙層低底盤車種，內部設備新穎，輪椅可輕鬆搭乘。

・Westbahn 官方網站：https://westbahn.at/en/

　　Westbahn 速度如同城市列車（IC），從維也納到薩爾斯堡車程約兩個半小時，對於要去薩爾斯堡的遊客也是相當不錯的選擇。

奧地利 維也納交通

機場到市區

維也納國際機場（德語：Flughafen Wien-Schwechat）分為 B、C、D、F、G 五個登機門，一般國際航班於 C、D 登機門降落，兩者皆設有空橋供乘客上下機。

機場位於維也納東南方車程約半小時的距離。要進市區的方法有機場快線、輕軌列車、計程車三種。最便宜的方式是搭乘像區間車一樣的輕軌列車，但若人數剛好夠多，又不想拖著行李換車，則可以在出境後選擇在 1 樓大廳櫃檯叫計程車。

	起訖站	所需時間	車資	附註
機場快線（City Airport Train, CAT）	S7 線，Flughafen Wien Bahnhof 直達 Wien Mitte-Landstraße Bahnhof	16 分，每 30 分鐘一班	網路購票單程€ 11、來回€ 17 機器購票單程€ 12、來回€ 19 車上購票單程€ 14、來回€ 21	最快抵達市區
輕軌列車（S-Bahn）	Flughafen Wien Bahnhof 至 Wien Mitte-Landstraße Bahnhof	約 26 分，約每 30 分鐘一班	郊區€ 2.4 需轉市區地鐵加€ 2.2	至米特站（Wien Mitte）轉乘地鐵 U-Bahn
計程車	—	約 30 分鐘	機場內櫃檯訂車約€ 40	出境後 1 樓大廳有叫車櫃檯

INFO

· 機場詳細動線請洽官網：http://www.viennaairport.com/

維也納市區交通

　　維也納市區觀光較常使用的交通工具有地鐵、電車與巴士。且有單程或周遊票券可搭配使用。基本上只要地鐵搭配電車，所有觀光景點都到得了。

地鐵、地上鐵（U-Bahn）

　　維也納的地鐵和地上鐵，都屬於同一個系統，由維也納路線網（Wiener Linien）公司營運。共有 U1、U2、U3、U4 和 U6 五條線路，104 個車站，以聖史蒂芬廣場站（Stephansplatz）為中心，環繞整個市區分布。起始票價為 € 2.2 起跳，營運時間約為 05:00 ～ 00:30，在週末和國定假日的前一晚為 24 小時運行。多數車站設有旅客服務中心，且部分車站還提供免費 Wi-Fi，讓旅客搭乘地鐵參觀各大景點絕對不用害怕迷路。

維也納地鐵圖

INFO

· 維也納地鐵官網：
http://www.wienerlinien.at/eportal3/

TIPS

地鐵的無障礙設施

　　維也納地鐵的車站幾乎都設有通往平地的電梯，且車廂高度與月臺也沒有高低差，所以搭乘地鐵旅行對身障者來說並不構成什麼問題。

電車（Straßenbahn）

　　四通八達的有軌電車，環繞整個市區。雖然不是所有車子都能乘坐，但幾乎每個線道都設有可提供輪椅、娃娃車上下車的車種。此外，在車站的電子站牌會顯示無障礙車種即將抵達的時間。平均六至二十分鐘一班，如環繞市區周邊景點的 2 號線路即無障礙電車為每六分鐘一班，非常方便。

TIPS

大眾運輸的無障礙設施

　　維也納市區的地鐵對身障者非常友善，地鐵站都有身障設施，電車也有供輪椅上下的低底盤車種。在路邊等電車時，車站牌除了會顯示到站時間，還會額外顯示輪椅車種到站時間，非常方便。

　　相對之下，低底盤公車的行駛區域較為遠離市中心，反倒不那麼容易使用。

周遊票券

　　周遊票券有很多種，其中最普通的為分一至三日的周遊券，票價為車票€7.6（24小時）、€13.3（48小時）、€16.5（72小時）；以及包含優惠票券的維也納卡，票價為€18.9（48小時）、€21.9（72小時）。此外還有另外幾種，如：僅限週一至週五早上08:00至晚上20:00可以使用的維也納購物卡，票價為€6.1（24小時）；週一至下個週一早上09:00（為期一週）的週票，票價為€16.2（7天）；可多人一起使用的八天票€38.4，票卡上共8個格子，使用方法為一人一天打印一格。

　　上述票券在各大地鐵站售票窗口或購票機皆買得到，但僅限使用於行駛在市區的地鐵、電車和公車，可依停留天數及是否會參觀博物館等因素考量做選擇。唯獨要注意的是，在使用票券乘車前記得到藍色打票機打印上日期，不然被查票人員檢查時，會視同坐霸王車喔！

計程車

　　若要跑到較遠的郊區，或是上述大眾運輸較難抵達的地方，也可以選擇叫計程車。市區路邊叫車一般是跳表計價，但也可以事先撥打租車公司電話，直接告知乘車地點與目的地，談妥價錢。維也納租車公司包括 Avis、Hertz、Budget、Sixt 和 Thrifty，詳情請洽各公司官網。

維也納景點

聖史蒂芬大教堂（St. Stephen's Cathedral）

　　歷經斗轉星移、多次改建的聖史蒂芬大教堂，屹立於維也納市中心已超過八百年之久。屋頂上以二十五萬塊屋瓦拼成的雙鷹，即為其經歷了哈布斯堡王朝統治時期的象徵。教堂共包含了四座塔樓，其中最高的南側塔樓高度達 136 公尺，在全世界尖塔型教堂中排名位居第二。而事實上，聖史蒂芬大教堂建築物本身為混搭羅馬式與哥德式尖塔的設計，以擁有顏色繽紛的馬賽克屋頂，與向屋頂延伸、有著優美的弧形線條的長廊支柱兩大特色，成為了維也納的遊客必訪之地。

INFO

聖史蒂芬大教堂
- 開放時段：週一至週六 06:00 ～ 15:00、週日與例假日 07:00 ～ 15:00。
- 票價：教堂免費開放；地下墓穴、寶物室 4.5 €；北側塔樓 4.5 €；南側塔樓 3.5 €。
- 地址：Stephansplatz 3, 1010 Wien, Austria
- 交通：搭乘地鐵 U1、U3 線至聖史蒂芬廣場站（Stephansplatz）。
- 官網：www.stephanskirche.at

TIPS

　　教堂大門有無障礙斜坡道供行動不便者使用，但地下墓穴、寶物室與南側塔樓都僅能走樓梯抵達。而北塔雖有電梯可乘，但距離塔頂尚有數十階的樓梯。因此不建議行動不便者額外花門票費參觀。

109

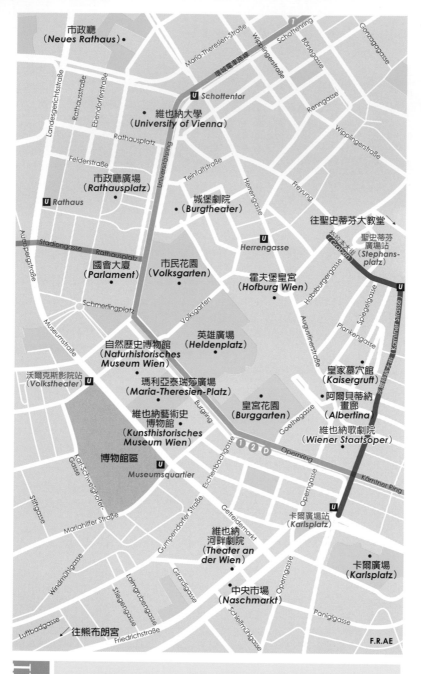

市政廳
（*Neues Rathaus*）

Maria-Theresien-Straße

Wipplingerstraße

Schottenring

Börsegasse

Gonzagagasse

環城電車路線

Landesgerichtsstraße

Rathausstraße

Ebendorferstraße

U Schottentor

Renngasse

維也納大學
（*University of Vienna*）

Wipplingerstraße

Rathausplatz

Teinfaltstraße

Herrengasse

Freyung

Felderstraße

Universitätsring

市政廳廣場
（*Rathausplatz*）

城堡劇院
（*Burgtheater*）

U Rathaus

往聖史蒂芬大教堂

聖史蒂芬
廣場站
（*Stephans-
platz*）

Stadiongasse

Rathausplatz

U Herrengasse

Auerspergstraße

國會大廈
（*Parlament*）

市民花園
（*Volksgarten*）

霍夫堡皇宮
（*Hofburg Wien*）

Habsburgergasse

Spiegelgasse

U

Schmerlingplatz

Volksgarten

Kärntner Straße

Museumstraße

英雄廣場
（*Heldenplatz*）

Augustinerstraße

Plankengasse

自然歷史博物館
（*Naturhistorisches
Museum Wien*）

皇家墓穴館
（*Kaisergruft*）

沃爾克斯影院站
（*Volkstheater*）**U**

瑪利亞泰瑞莎廣場
（*Maria-Theresien-Platz*）

皇宮花園
（*Burggarten*）

阿爾貝蒂納
畫廊
（*Albertina*）

維也納藝術史
博物館
（*Kunsthistorisches
Museum Wien*）

Burgring

Goethegasse

維也納歌劇院
（*Wiener Staatsoper*）

博物館區

① ② Ⓓ

Opernring

Eschenbachgasse

Karl-Schweighofer-
Gasse

U
Museumsquartier

Kärntner Ring

Opernring

U

Stiftgasse

Mariahilfer Straße

Getreidemarkt

Gumpendorfer Straße

卡爾廣場站
（*Karlsplatz*）

維也納
河畔劇院
（*Theater an
der Wien*）

Opperngasse

卡爾廣場
（*Karlsplatz*）

Windmühlgasse

Girardigasse

中央市場
（*Naschmarkt*）

Paniglgasse

Luftbadgasse

Lehmgrubengasse

Stiegengasse

Friedrichstraße

往熊布朗宮

Schleifmühlgasse

F.R.AE

INFO

· 維也納官方旅遊網站：https://www.wien.info
· 維也納市民官方網站：http://www.wien-vienna.at/index.php

① Europe

② London

③ Zurich

④ Vienna

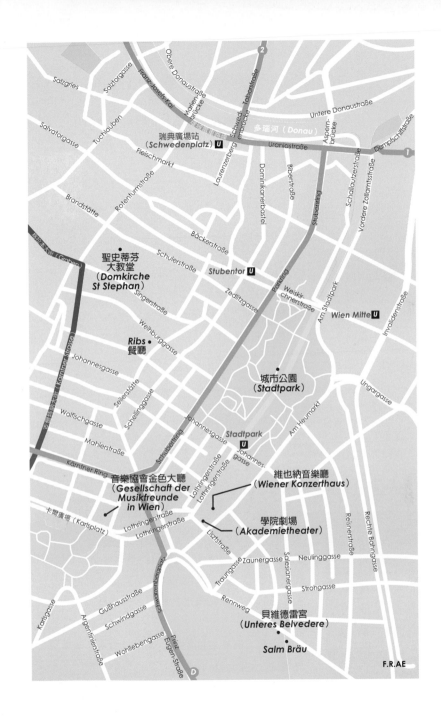

聖史蒂芬大教堂
（Domkirche St Stephan）

Ribs
餐廳

瑞典廣場站
（Schwedenplatz）U

多瑙河（Donau）

Stubentor U

Wien Mitte U

城市公園
（Stadtpark）

Stadtpark U
Johannes-
gasse

維也納音樂廳
（Wiener Konzerthaus）

音樂協會金色大廳
（Gesellschaft der
Musikfreunde
in Wien）

卡爾廣場（Karlsplatz）

學院劇場
（Akademietheater）

貝維德雷宮
（Unteres Belvedere）

Salm Bräu

F.R.AE

111

市政廳（Neues Rathaus）與維也納大學（University of Vienna）

新市政廳建築占地 19,592 平方公尺，前院為市政廳廣場，常被用於舉辦各種活動。每年七、八月的電影節、十二月中下旬的聖誕節傳統市集、一月中至三月上旬的移動溜冰場皆在此地舉行。故市政廳廣場不時可以看到大型舞臺搭建與大量人群聚集圍觀，非常新鮮有趣。

位於市政廳的左側為現存最古老的德語大學維也納大學，是目前中歐大規模的學校之一，共設有十五個學院及兩個研究中心。每年培育 7.4 萬個學生，且歷年來有不少名人與諾貝爾獎得主於該校學習或任教，如孟德爾、佛洛伊德、薛丁格、都卜勒等。維也納大學校風民主自由，且占地非常廣闊，若有時間，不妨到校園內走訪參觀。

INFO

市政廳與維也納大學
- 票價：市政廳有免費德文導覽參觀行程。需於例假日外的週一、三、五，下午 13:00 於市政廳資訊服務臺報名集合；維也納大學亦可免費參觀。
- 地址：市政廳 Friedrich-Schmidt-Platz 1, 1010 Wien, Austria；維也納大學 Universitätsring 1, 1010 Wien, Austria
- 交通：搭乘電車 1、2、17、D 號線至市政廳廣場站（Rathausplatz）；地鐵 U2 線至市政廳站（Rathaus）。

格拉本（Graben）與克爾特納大街（Karntner Strasse）

從聖史蒂芬大教堂向外延伸兩條主要徒步大道，分別為格拉本、克爾特納大街。街道上各名牌大廠林立，閃亮的施華洛世奇水晶、剛來臺灣設櫃的 H & M 等，在此皆設有店面。如果逛累了，也可以選擇一家喜歡的甜點咖啡店，一邊品嘗精緻蛋糕帶給你味蕾上的饗宴，一邊觀察大街上熙來攘往的遊客。

此外，於聖誕節期間，這兩條大街上還會冒出許多禮品專賣店。因此，若於十二月來維也納旅遊，不要忘了到格拉本與克爾特納大街逛逛，感受當地人歡慶佳節的氣氛。

INFO

格拉本與克爾特納大街
· 開放時段：周邊商店營業時間約為週一至週五 09:00 ～ 18:30、週六 09:00 ～ 18:00；部分商店週四營業時間延長至 21:00 或週五延長至 19:30。
· 交通：搭乘電車 1、2、D 號線至克爾特納環城大道站（Karntner Ring）或歌劇院站（Oper）；地鐵 U1、U3 線至聖史蒂芬廣場站（Stephansplatz），U1、U2、U4 線至卡爾廣場站（Karlsplatz）或 U3 線至海倫街站（Herrengasse）。

霍夫堡皇宮（Hofburg Wien）

奧地利在整個歐洲史上最輝煌的一頁，莫過於中世紀神聖羅馬帝國，也就是所謂的奧匈帝國時期。由於當時的奧地利哈布斯堡（Habsburgs）家族擁有高度的政治手腕，數次奪得神聖羅馬帝國皇帝的寶座，並且以奧地利維也納為統治中心，建造了歐洲最壯觀的冬宮霍夫堡皇宮。霍夫堡整體規模之大，包括新皇宮、舊皇宮、宰相宮、瑞士宮、馬術學校、英雄廣場等，共 18 棟建築、19 座庭院，房間數量遠超過 2,500 間。

現今整座皇宮已改變成總統官邸，以及數十間博物館、國家圖書館及畫廊。其中又以展示伊莉莎白皇后一生的西西博物館（Sisi Museum），和世界上最大的版畫收藏館的阿爾貝蒂納畫廊（Albertina）最為著名。此外，皇宮另一頭現為西班牙馬術學校（Spanische Reitschule），每天早晨固定時間會有對外開放的馬術表演，遊客可免費觀賞萬中選一的皇家級白馬列隊訓練的情況。

TIPS

　　皇宮各處皆設有無障礙通道與電梯，並允許導盲犬協同入內參觀。各樓層也都設有無障礙廁所，參觀時並沒有不方便的地方。

伊莉莎白皇后二三事

被世人稱為「世界上最美麗的皇后」的伊莉莎白皇后，小名又稱西西（Sisi）。於 15 歲時陪同姐姐與當時奧匈帝國的皇帝弗蘭茨 · 約瑟夫一世相親，但因其貌美，反而使弗蘭茨一見鍾情，並在一年後成為了他的妻子。

由於伊莉莎白幼年時期受父親的影響，喜歡騎馬和旅遊等活動，過著自由自在、無拘束的生活。因此婚後很難接受霍夫堡王朝宮廷內的繁文縟節，而開始變得鬱鬱寡歡。為了逃避，伊莉莎白開始到各處遊歷，足跡遍布了整個歐洲。其中她特別喜歡匈牙利，待在匈牙利的時間甚至比奧地利還多。伊莉莎白也因此廣受匈牙利人的愛戴，並在現今匈牙利街頭仍可見到她的雕像。

此外，參觀寢宮時不難發現伊莉莎白皇后非常注重保養，並使用嚴苛的飲食和運動療法來保持她的身材。其時的報紙還曾針對她的穿著、飲食處方、騎馬運動等做了數篇報導，伊莉莎白儼然成為了當時的時尚指標人物之一。

然而從歷史記載中可以察覺到，伊莉莎白婚後不只受到她的婆婆蘇菲皇后的壓迫，也因遺傳性憂鬱症而苦。她除了無權干涉幾個女兒的撫養權外，其獨子也在 1889 年與情人雙雙殉情，更造成伊莉莎白終日情緒低落。而她最終則遭無政府主義者刺殺身亡。就像是象徵著霍夫堡王朝的殞落一樣，伊莉莎白的一生也有著一抹悲劇色彩。

中央市場（Naschmarkt）

相較於維也納遊客如織的舊城區，在幾個街區外的中央市場（Naschmarkt）反而較能感受到當地人的生活風貌。這綿延好幾公里的中央市場，擁有超過 120 多家攤販，所販賣的商品不僅涵蓋新鮮蔬果、魚、肉、醃製橄欖、各式糕點、乳酪，甚至可以買到葡萄酒、維也納咖啡、茶葉等伴手禮，以及吃盡波希米亞與中歐美食。到了週末，偶爾還可見到熱鬧的跳蚤市集，有著濃濃歐風的古董、家具等一應俱全。因此，來到熱鬧的中央市場，要格外小心看管好荷包裡的鈔票。

中央市場
· 開放時段：商店、攤販營業時間約為週一至週五 09:00 ～ 18:30；週六 09:00 ～ 18:00。
· 地址：1060 Vienna, Austria
· 交通：搭乘地鐵 U4 線至華人街站（Kettenbruckengasse）。
· 官網：http://www.wienernaschmarkt.eu/

藍色多瑙河

　　猶如維也納的名字 Wien（英文 Vienna），森林裡的溪流，整座城市三面環山，被郁郁蔥蔥的森林環抱。加上波光粼粼的藍色多瑙河川流其間，形成水天一色的迷人美景。

　　然而白天遊人穿梭的多瑙河畔，晚上搖身一變，成了維也納居民邀約好友三五成群地坐在河邊小酌的場所。在炎熱的季節裡，晚餐飽足後，與朋友、情人吹著涼風，漫步在多瑙河畔，歡快而愜意。

多瑙河
· 交通：搭乘電車 1、2 號線或地鐵 U1、U4 線至瑞典廣場站（Schwedenplatz）。

115

城市公園（Stadtpark）

　　在維也納環城大道東側有座占地 65,000 平方公尺的市立公園，於 1862 年沿著河岸建成，是維也納第一座英式庭園。園內綠草如茵、花團錦簇，情侶相擁在河畔，家人朋友相約躺在草地上晒著太陽。

　　安排一個悠閒的午後，漫步在這座全維也納紀念碑、雕像最密集的地方，不時會撞見許多名人的美麗身影。其中最有名的一座鍍金銅像是為了紀念「藍色多瑙河」作曲家小約翰‧史特勞斯在此舉辦了他的第一場音樂會。銅像前可以看到不少遊客正與其拍照留影。

INFO

城市公園
- 地址：1030 Vienna, Austria
- 交通：搭乘電車 2 號線至溫柏格街站（Weihburggasse）；地鐵 U4 線至市立公園站（Stadtpark）。

熊布朗宮（Schönbrunn Palace）

　　座落於維也納市郊的熊布朗宮，是維也納極負盛名的景點之一。傳說由於神聖羅馬帝國皇帝馬蒂亞斯於此行宮狩獵時，發覺此處泉水甘甜清爽，遂又名為美泉宮。

　　有著質樸褐黃色外觀的熊布朗宮實為奢華巴洛克式混洛可可風格建築，有著優雅的階梯露臺與氣派的旋梯迴廊。於 1569 年建造的熊布朗宮規模之大，共有 1,441 間房間，其中 44 間有對外開放參觀。

　　宮殿後方是典型的法式皇家花園，兩旁為修剪整齊的樹牆與希臘神話雕像。花園兩側則是園林迷宮、動物園和熱帶植物溫室。而其最高點是後方凱旋門，沿著小石子路漫步而上可以一覽維也納市區風光。因此，在美泉宮幾乎可以消磨掉一整天的時間漫步閒晃，享受林蔭大道給人帶來的涼爽與幽靜時光。

INFO

熊布朗宮
- 開放時段：四月至六月與九月至十月 08:30 ～ 17:30；七月至八月 08:30 ～ 18:30；十一月至三月 08:30 ～ 17:00；閉館前一個半小時停止入場。
- 票價：有四種票可供選擇。成人 12.90 €、小孩 9.5 €（半程，含 27 間房）；成人 15.90 €、小孩 10.5 €（全程，含 40 間房）；成人 28.00 €、小孩 16.50 €（含霍夫堡皇宮、熊布朗宮、宮廷家具博物館）；成人 25.00 €、小孩 15.00 €（冬季限定，含熊布朗宮、市立動物園）；6 歲以下孩童免費；身心障礙者持證件現場買票可另享優惠折扣。
- 地址：Schönbrunner Schloßstraße 47, 1130 Wien, Austria
- 交通：搭乘電車 10、58 號線或地鐵 U4 線至熊布朗宮站（Schönbrunn）。
- 官網：http://www.schoenbrunn.at/en.html

音樂之都

　　優美的音符旋律，自 18 世紀哈布斯堡家族全面支持宮廷音樂發展以來，徐徐擴散至民間。加上海頓、莫札特、貝多芬、舒伯特等大師推波助瀾，以及史特勞斯家族的華爾滋與圓舞曲，為維也納奠定了在古典音樂史上不朽的崇高地位。而擁有世界音樂之都美名的維也納，對音樂家們而言更如同聖城麥加，無論是哪種樂派，窮極一生也一定要造訪的城市。

　　在維也納隨處可見此城市與音樂的淵源，有著密度極高的音樂廳與歌劇院。所以來到維也納除了參訪音樂大師們的故居外，也必定要來欣賞精采的音樂饗宴，接受優美旋律的薰陶。值得喝采的是，在維也納要接受音樂的洗禮並不需要花費太多金錢。在寒冬過後，總有數不完的或室內或戶外的音樂會與歌劇。即使在音樂協會金色大廳，也有提供便宜的後方站票給朝聖的民眾。

TIPS

　　多數音樂廳或劇場需事前購買輪椅席票券，如音樂協會金色大廳，即便是後方站區仍有廣大的空間，仍是禁止輪椅進入。因此欲乘坐輪椅前往，須事前另行購買輪椅席座位。否則到現場購買不到輪椅席，就僅能於大廳看現場直播。

　　維也納國家歌劇院、維也納歌劇院、音樂協會金色大廳離中央市場僅不到一站的距離。若想聽音樂會、歌劇，或是看芭蕾舞表演，可與逛市場的行程排在同一天，但要注意服裝穿著。

維也納國家歌劇院（Wiener Staatsoper）
- 地址：Goethegasse 1, 1010 Wien, Austria
- 交通：搭乘電車 1、2、D 號線至克爾特納環城大道站（Karntner Ring）或歌劇院站（Oper）；地鐵 U1、U2、U4 線至卡爾廣場站（Karlsplatz）。
- 官網：http://www.wiener-staatsoper.at/

維也納歌劇院（Theater an der Wien）
- 地址：Linke Wienzeile 6, 1060 Wien, Austria
- 交通：搭乘地鐵 U1、U2、U4 線至卡爾廣場站。
- 官網：http://www.theater-wien.at/

城堡劇院（Burgtheater）
- 地址：Universitätsring 2, 1010 Wien, Austria
- 交通：搭乘電車 1、D 號線至市政廳廣場站（Rathausplatz）或城堡劇院站。
- 官網：https://www.burgtheater.at/

音樂協會金色大廳（Musikverein／Gesellschaft der Musikfreunde in Wien）
- 地址：Musikvereinspl. 1, 1010 Wien, Austria
- 交通：搭乘電車 2 號線至史瓦森堡廣場站（Schwarzenbergplatz）或歌劇院站；地鐵 U1、U2、U4 線至卡爾廣場站。
- 官網：https://www.musikverein.at/

119

近郊輕旅行

格林琴（Grinzing）新釀酒莊

　　維也納近郊的小鎮格林琴，有著許多迷人的小酒館。這些位於 Grinzinger Straße 道路兩旁的小店吸引人的地方就在於看似隱密，內部實則熱鬧非凡，就連維也納市民都喜歡於週末前來小酌一杯。此外，根據當地人的說法，酒館門口若吊掛上 Eigenbau 松樹枝即表示有新釀酒開封，客人可以在此品嘗到最甘醇的美酒。因此，若看膩了維也納市區充斥著觀光客的街景，不妨前來格林琴。漫步在鄉間小鎮的道路上，探尋貝多芬當年的足跡。聽著四季的美麗旋律，品嘗新釀的葡萄酒，怡然舒心地度過悠閒的午後。

瓦豪河谷（Wachau）與梅克修道院（Stift Melk）

　　具有黃澄澄外觀的梅克修道院是一座位於山丘上走高調奢華路線的城堡式建築。周圍小鎮圍繞著山丘而建，街景盡是充滿古色古香的建築，與石磚鋪成的斜坡路。從外圍進入梅克修道院宅邸，分別會進入二樓的展覽廳、宴會廳、全世界公認最美的圖書館與一樓金碧輝煌的修道院禮拜堂。其中展示了教廷精雕細琢的皇冠、權杖等用具，絢麗的天頂壁畫，梁柱上的雕刻與華麗的螺旋梯等，此外，若從陽臺上眺望出去，迷人的市景盡收眼底。在梅克修道院的每個角落皆充滿了遊客的讚嘆聲。

　　離開梅克後，至碼頭乘船到克林姆（Krem）小鎮。此行的重點將放在乘船時行經的多瑙河兩岸風光。多瑙河是世界流經最多國家的河流，而其中最美的一段即是赫赫有名的瓦豪河谷。沿途充斥著青山、綠林、紅屋瓦、古樸小鎮、葡萄酒莊與堡壘風情。順流而下約莫會經過十一個城鎮，並且會在其中最有名的杜倫斯坦（Durnstein）、史匹茲（Spitz）和克林姆小鎮停靠。整條河谷連同梅克修道院在 2000 年，已被聯合國教科文組織列入世界文化遺產，由此可見瓦豪河谷的美，讓它成為到奧地利旅遊不可或缺的必訪景點。

INFO

瓦豪河谷與梅克修道院
- 開放時段：五月至九月 09:00～17:30；四月至十月 09:00～16:30；閉館前半小時停止入場。
- 票價：
  1. ÖBB 德國鐵路瓦豪河谷一日觀光套票（含火車、船票）：成人票券 49 €、小孩 17 €。
  2. 自行前往：火車維也納西站（Westbahnhof）至梅克（Melk），與克林姆至維也納 Franz-Josefs-Bf 車站，雙程五人火車團票 35 €；梅克修道院門票，成人 11 €、小孩／學生 6 €；從梅克搭船至克林姆，成人 29 €。
- 交通：維也納西站搭火車至梅克→步行至梅克修道院→梅克的 10、11 號碼頭搭船至克林姆→克林姆搭火車至維也納 Franz-Josefs-Bf 車站。
- 官網：
  1. ÖBB 官網瓦豪河谷一日票券：https://kombitickets.railtours.at/
  2. Brandner 船公司：https://www.brandner.at/en/
  3. DDSG Blue Danube 船公司：http://www.ddsg-blue-danube.at/
  4. 梅克修道院：http://www.stiftmelk.at/

TIPS

　　車票、船票、梅克修道院門票對於小孩、學生、身心障礙者、老人均有優惠，故 4、5 人以上團體自行前往（使用 ÖBB），較為划算。

　　前往 Melk 為單層夾雙層火車，回程則為低底盤區間車，兩種火車底盤與月臺幾乎平行，且遊船有無障礙坡道供乘客使用，不需擔心乘車／船問題。而梅克修道院一路上為斜坡道，車可通行，僅最後的坡段較陡，但不妨礙旅客沿途步行上山。梅克修道院內也有完善的無障礙設施。因此瓦豪河谷與梅克修道院一整天的行程走訪下來，對輪椅族來說非常方便且友善。

　　行駛於瓦豪河谷的 Brandner 和 DDSG Blue Danube 兩間船公司停靠的站點不一，若要前往愛莫斯多夫（Emmersdorf）或杜倫斯坦（Dürnstein）者，需搭乘 DDSG。

其他城鎮輕旅行

世界遺產小鎮——哈斯達特（Hallstatt）

德國與奧地利在地理位置上比鄰而置，在兩國相接的邊境上有兩個著名的湖畔城鎮，一個是位於德國東南角的國王湖，另一個則是位於奧地利中西部的哈斯達特。德國的國王湖以簡樸的禮拜堂與清澈見底的翡翠綠色湖水聞名。而奧地利的哈斯達特小鎮則是現存歐洲最古老的村落之一，並於 1997 年被列為世界文化遺產。

兩個依山傍水的城鎮有著迥然不同的美感。國王湖的美猶如中國山水，它以連綿的座落於重重山巒下的歐式村落而獨樹一格。湖中若有似無的鏡中世界與如詩如畫的幽靜山嶽，讓身處此寶地的遊客沉醉。

而狹長形的哈斯達特鎮猶如奧地利版的世外桃源，以美麗的環山建築而聞名。漫步在被群山包圍的巷弄中，就彷彿置身於中古世紀的小市鎮，所經過的每道寧靜的門和窗，似乎都刻有前人足跡的故事。整座城鎮彷彿被湖水凍齡，每個角落都令旅人想放慢腳步，花個幾十分鐘細細品嘗箇中的回憶。

不要小看哈斯達特小鎮裡層層上疊的屋宇和爬滿樹藤的牆，至今都已被聯合國科文教組織列為世界文化遺產。這些被細細保存的民房，始終維持惹人憐愛的氛圍。不僅如此，部分古色古香的建築也已改建成一棟棟美麗的旅社，讓前來的遊客不僅可以在靜謐的街道上欣賞它們的美，還可以多停留一、兩晚，與湖面戲水的天鵝一起沐浴在橘黃色的晚霞裡，並在隔夜早晨從 Lahn 碼頭看對岸山頭漸漸升起的曙光。

哈斯達特
- 地址：小鎮教堂 Landungspl. 101, 4830 Hallstatt, Austria
- 交通：
  1. 從維也納出發：維也納西站搭火車至 Attnang-Puchheim 車站，再轉乘低底盤區間車至哈斯達特。抵達哈斯達特站後轉乘遊船過河至對岸哈斯達特鎮。
  2. 從薩爾斯堡出發：於薩爾斯堡中央車站 Salzburg Hbf 搭乘火車到 Attnang-Puchheim 車站，再轉乘低底盤區間車至哈斯達特。抵達哈斯達特站後轉乘遊船過河至對岸哈斯達特鎮。火車最早班次為 05:05 出發，每隔一小時一班，單程約 2 個鐘頭（含乘船）。（詳細車班時刻請查閱德國鐵路 ÖBB 官網）
- 哈斯達特鎮官網：http://www.hallstatt.net/home-en-US/

　　僅僅是漫步於童話般的哈斯達特小鎮，就覺得整趟旅程值回票價了。有些旅人甚至會選擇待上一、兩晚，充分享受這彷若仙境的湖畔春色。可見雖然依山傍水的哈斯達特較不易抵達，但由於哈斯達特風景令人迷醉，湖畔小鎮裡的每棟房子都美得如詩如畫，非常值得花時間與精力走一遭。

　　但經火車站務人員悉心交代，行動不便的旅客需格外注意，轉車皆須在 Attnang-Puchheim 車站經由站務人員幫忙換乘，切勿強行於 Obertraun Dachsteinh 無人車站換車。

　　此外，若欲開車前往小鎮參觀的旅客亦須注意，由於哈斯達特被群山和湖水包圍，小鎮無法向外擴張。為避免大批遊客湧入，哈斯達特鎮是禁止外部私家車輛進入。除了擁有通行證的當地居民，其他車輛須停在 Lahn 碼頭附近或距離小鎮不遠處的停車場，再步行或搭乘旅館接駁車進入鎮內。

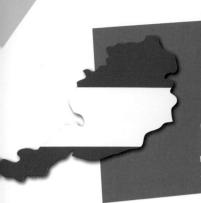

必吃美食 與 必敗小物

必吃美食

· 維也納酥炸牛排（Wiener Schnitzel）。
· 薩赫蛋糕（Sacher Torte）。
· 白葡萄酒、甜酒（Prädikatswein）、冰酒（Eiswein）。
· 維也納奶酪（Käse）。
· 圓麵包（Kaisersemmel）。

啤酒、豬腳、肋排

　　除了葡萄酒莊外，在維也納市區有幾間可以大喝啤酒、大口吃肉的餐廳，連當地人都推薦。所以在維也納旅遊期間，最少必定要空出一餐來大快朵頤一番。

Ribs（酒窖餐廳）
- 開放時段：一～五 12:00 ～ 15:00 & 17:00 ～ 24:00，六、日 12:00 ～ 24:00（廚房～ 22:30）。
- 地址：Weihburggasse 22, 1010 Wien
- 官網：http://www.ribsofvienna.at/

Strandcafe（多瑙河邊餐廳）
- 開放時段：一～五 17:00 ～ 24:00，六、日 11:30 ～ 24:00。
- 地址：Florian-Berndl-Gasse 20,1220 Wien
- 官網：http://www.strandcafe-wien.at/

Salm Bräu（貝維德雷宮側門）
- 開放時段：11:00 ～ 24:00。
- 地址：Rennweg 8, Vienna 1030, Austria
- 官網：http://www.salmbraeu.com/home/

　　Ribs 是維也納著名的酒窖餐廳，前身為二戰期間的酒窖兼防空洞。由於位於地底，挑高三層樓，對外只有長到不能再長的樓梯。

　　但由於這些餐廳獨特的氣氛、老闆的好客與異常美味的食物，因此仍推薦給評估後可以前往冒險的旅客。

捷克：
布拉格

PART 5

捷克簡介

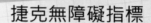

捷克無障礙指標

- 大眾運輸
- 景點無障礙設施
- 緊急醫療
- 網路資訊
- 人行道路

- **國名**：捷克（Czech Republic）。
- **國際代碼**：CZ。
- **首都**：布拉格（Praha）。
- **語言**：捷克語。
- **宗教**：50％以上的捷克人民沒有宗教信仰。
- **從臺灣出發時間**：從臺北到布拉格，約 15 ～ 16 小時。
- **時差**：夏季比臺灣晚 6 個小時，冬季比臺灣晚 7 個小時。
- **商店時間**：

  銀行：星期一至星期五 08:00 ～ 17:00，星期六、日與例假日公休。

  郵局：星期一至星期五 08:00 ～ 18:00，星期六 08:00 ～ 12:00，星期日與例假日公休。

  一般商店：星期一至星期五 09:00 ～ 18:00，星期六 09:00 ～ 12:00，星期日與例假日公休。

- **貨幣**：捷克通行的貨幣為克朗（CZK，可寫為 Kč）。1 克朗（CZK）≒新臺幣 1.24 元（2016年 11 月）。
- **電壓**：布拉格電壓 220V、頻率 50Hz。為兩圓形孔的 C 型插座。

· 氣候 & 節慶：

	春		夏			秋			冬		

全年平均氣溫（˚C）

3月 4月 5月 6月 7月 8月 9月 10月 11月 12月 1月 2月

日均最高氣溫

日均最低氣溫

月份	三月	四月	五月	六月	七月	八月	九月	十月	十一月	十二月	一月	二月
平均降水總量（mm）	29	41	76	83	74	73	46	34	38	29	25	26
平均降水天數（天）	6	7	10	10	9	9	7	6	8	7	7	6

氣候與衣著	日夜溫差大，整體偏寒冷。偶有寒潮及降雨，最好採用洋蔥式穿法	乾燥炎熱	天氣轉涼，風雨增加，出門記得多帶件外套	冬天嚴寒乾冷，下雪機率大。穿戴禦寒衣物，並帶齊帽子、圍巾和手套
節慶	三月 三～四月　復活節	六月	九月 28 日　第二獨立紀念日 月底　聖瓦茨拉夫節 九～十月　秋季音樂節	十二月 25 日　聖誕節
	四月	七月 5 日　宗教紀念日 6 日　楊・胡斯紀念日 七～八月　布拉格文藝之夏	十月 28 日　國體紀念日 十月　國際爵士節	一月 1 日　元旦
	五月 1 日　勞動節 8 日　解放紀念日 五～六月　布拉格之春	八月	十一月 17 日　天鵝絨革命紀念日 十一～十二月　猶太音樂節	二月

・**飲用水 Voda：**

捷克水質未達生飲標準，需過濾並煮沸後方可飲用，或至 TESCO 等超市購買大罐瓶裝礦泉水。而瓶裝水中 90％為含有氣泡的氣泡水（perlivá voda，多為紅色瓶蓋），並且還區分多種口味，如：加鹽氣泡水、檸檬氣泡水等。

如需購買不含氣泡的礦泉水，請認清有標示 neperlivá voda，為藍色瓶蓋包裝的瓶裝水。

TIPS

在捷克買水是一項特別的經驗。比價過後發現，在同一間超商內，普通 700ml 瓶裝水的價錢是 1,500ml 大瓶水的兩倍。且在 TESCO 超市買最為便宜，小雜貨店、菸攤的標價反而比較高，而在一般觀光景點的小攤販最貴。以上述經驗來看，先在超商買好大瓶的礦泉水放在住的地方，再用隨身攜帶的水瓶分裝，是最明智的選擇。

・**小費：**

在一般中低價位的餐廳用餐時，通常是將百位數以下的金額進位當作小費，金額約為 10～30Kč。但若在高級餐廳用餐以及坐計程車時，通常需付實際費用 5～10％左右的小費。而旅館住房則要給客房服務或櫃檯人員 40Kč，清潔人員 20Kč 左右的小費。

・**生病就醫：**

在捷克市區可以很容易找到標有綠色十字的 Lékárna Centrum 藥局標示，其開門時間多與一般商店相同，至平日下午五點關門。

布拉格市區醫院資訊

1. Nemocnice Na Na Františku
地址：Na Františku 847/8, 110 00 Prague 1
電話：222 801 209；222 801 231
急診：222 801 343

3. Unicare Medical Center
地址：Na Dlouhem lanu 11, 160 00 Prague 6
電話：235 356 553
急診：608 103 050、602 201 040

2. Fakultni nemocnice v Motol
地址：V uvalu 84, Smichov 150 06 Prague 5
電話：外國人服務處 224 433 682、224 433 681
急診：224 438 590-8
※ 設有 24 小時藥局

4. Central Military Hospital
地址：U Vojenske Nemocnice 1200 Prague6
電話：973 208 333、973 203 024
急診：973 202 991
※ 設有外傷中心

買藥？看醫生？

　　捷克人生病不舒服時，通常會先到藥局買藥來吃。不過藥局所販售的藥品（不含外傷用藥），除了感冒糖漿和一般的頭痛、胃痛、腹痛等的止痛藥外，其餘皆須醫生開立的處方箋。因此即便是感冒，自行買藥來吃也很難真正對症下藥，建議旅客自備一些緊急用藥為佳。

　　此外，捷克會講英文的醫生占極少數。因此若不幸得上醫院，建議最好先找位會捷克文的人同行，以避免因溝通問題造成誤診的情況。

· **急難救助：**

📞 急難救助電話（英語）112、報警 158、救護車 155、消防電話 150

駐捷克臺北經濟文化辦事處

· 地址：Evropska 2590/33C, 160 00 Praha 6, CZECH REPUBLIC
· 電話：（420）233-320-606
· 電子郵件：tecoprag@gmail.com
· 官網：http://www.taiwanembassy.org/CZ
· 急難救助電話：（420）603-166-707；捷克境內直撥：603-166-707

捷克身障證明（Zvlášť Těžké Postižení，ZTP 卡）

　　在捷克的身障朋友可能會被問到是否有 ZTP 卡。此為捷克身障證明文件，為持有捷克身分證者可透過相關單位人員評估後，符合資格者方可辦理。持有此身障證明者有相當多的優惠和保障，舉凡搭乘公共運輸優惠、免費市區停車與各大景點連同一名陪同人員免費參觀等等。

捷克火車交通資訊

捷克火車搭乘指南

捷克鐵路公司 ČD，全名為 České Dráhy，在國內有兩千五百多個站點，是歐洲排名前十的鐵路公司之一。捷克鐵路公司至今已營運了一百多年，期間不僅事業版圖擴張至客運及貨運等大眾運輸項目，也提供遊客於捷克境內多項旅遊的服務。此外，ČD 也與歐洲其他國家的鐵路公司合作，發展高效能、環保的交通運輸系統。近年來捷克鐵路公司更積極於車站與列車上增設許多身障設施，將造福更多乘客。

TIPS 　捷克鐵路公司在今年發布的新聞稿中，宣稱輪椅乘客搭乘率五年來增加了七成，可見這幾年來捷克鐵路對於解決身障朋友的決策已有相當成效。

車種介紹

主要在捷克行駛的火車分為五個級別：

- **SC（Pendolino／SuperCity）**：超級城市列車，外觀以水藍色為主色調的 SC 是捷克速度最快的國際列車。

- EC（EuroCity）：歐洲城市列車，往返於捷克與其鄰近國家（斯洛伐克、波蘭、德國、瑞士、奧地利和匈牙利）的主要大城市，相較於 SC 為較常見的車種。
- EN（EuroNight）：夜間行駛的歐洲城市列車，同樣往返於捷克鄰近國家的主要城市。分兩種艙型，豪華艙（Lůžkové vozy）和經濟艙（Lehátkové vozy）。
- IC（Intercity）：城市列車，屬於特快車，專跑國內線，班次也相當頻繁。
- Ex／R／Sp／Os（Expres／Rychlík／Spěšný／Osobní）：區間車，停靠站多，由國內各大城市向郊區延伸。

歐洲城市夜間列車（EN）車艙房型

1. 豪華艙為配備較齊全的房型，走道較寬敞且提供冷熱水、衣櫃跟被褥。房間分一人至三人型，部分車廂有私人衛浴，但價錢也相對較高。
2. 經濟艙走道較窄，大型輪椅需掀起一邊床板方可進入。房型分為四、六人型，且不提供被褥。

　　不論是哪一種房型，皆為床鋪可依喜好掀起的上下鋪。欲搭乘夜間車臥鋪須提早兩個月前預訂床位。碰上旺季時，若沒包下整個房間，也有很大的機率會與其他旅客同房。

INFO

捷克火車標示

1. 有此標誌的車種除了備有輪椅席外，還有改裝過的身障廁所。起、訖和轉乘車站需站務人員協助使用外接式升降電梯輔助搭乘。

2. 此車型隨車配有輪椅升降平臺，使坐輪椅的旅客便於乘車。

　　對於視障者而言，只要有其中一種標誌，皆可選擇攜帶導盲犬或陪同者一起上車。

TIPS

　　在捷克搭乘火車，需事先查好欲搭乘的班次。雖然近年來許多班次已陸續替換成不少新型低底盤車種，但仍不像奧地利鐵路那般近乎所有車種皆可乘坐自如。

135

購票

可使用下列方式購票：

1. 車站售票櫃檯 ČD Centrum。

2. 自動售票機。

3. 官網購票。

4. 電話訂票。

5. 手機上官網（手機版），登入購票。

火車一日／周遊票券（ČD-NET pass）

欲於短時間內在捷克境內走訪各大城市時，可考慮在網路上購買捷克一日／周遊票券（ČD-NET pass）。

· ČD-NET day pass：一日通票（除 SC 以外的所有車種皆可搭乘），每人 550CZK。

· ČD-NET week pass：周遊票，每人 1,250CZK。

· 持有國際學生證 ISIC 卡購買此種票券可打 75 折。

通票與折扣優惠票

官網不時會推出各種通票 ČD-NET day pass（如：算天數的通票、家庭週末票和往返至波蘭、德國、奧地利、匈牙利等的國際通票）、特殊折扣票（如：早鳥票 SporoTiket Česko、2～30人的團體票部分票種），和不定期推出的對折優惠票等。

捷克火車購票實用網站

· 捷克鐵路公司 ČD 手機版官網：http://m.cd.cz/

查找捷克火車資訊實用網站

· 捷克鐵路官方搜尋網站上，有方便行動不便的乘客查找班次的選項：https://www.CD.cz/spojeni/

· 國內點對點的交通路線可使用 IDOS：http://jizdnirady.idnes.cz/

各大歐洲鐵路訂票網站上往往有許多促銷優惠票種。因此購票時，建議使用捷克國鐵網站。雖然國鐵網站較不支援英文站名查詢系統，但相較於其他歐鐵網站往往可購買到較優惠的車票價。

申報與劃位

　　除了城市列車（IC）、歐洲城市列車（EC）和超級城市列車（SC）外，其他運行於捷克的區間車種並不要求旅客另行訂位。但與歐洲大多數鐵路公司相同，要求欲乘坐輪椅席或使用升降梯的旅客提前告知。若使用捷克鐵路公司網站購票時，會有可勾選身分與座位喜好的選項。使用通票者，則須於出發兩天前至櫃檯或使用給輪椅席的網路訂位系統進行登記，並提供乘客姓名、地址、出發日期與車次，以及必要使用的設備（如：插座、升降梯等）。

線上服務

預定旅行

填寫資料處

INFO

網路申報系統
· 捷克輪椅席網路定位表單系統：
　http://www.CD.cz/vozickari/
· 捷克國鐵 ČD 免費客服專線：
　840 112 113

乘車

　　由於不論是隨車配置或是外接式的升降電梯皆須由捷克鐵路員工進行操作，因此在登記輪椅座位並收到確認信後，需持確認信於乘車前 30 分鐘至預定乘車站櫃檯找站務人員協助搭車。如須使用外接式升降電梯，也可因此得到妥善的安排。

INFO

乘車常用捷克語
· Odkud：起始站。　　· Příjezd：抵達。　　· cestující：乘客。
· Kam：終點站。　　　· Datum：日期。　　· na vozíku：輪椅席。
· Odjezd：出發。　　　· Čas：時間。　　　· matky s dětmi：親子座。

機場到市區

　　捷克布拉格瓦茨拉夫・哈維爾國際機場（Prague Václav Havel Airport）有三個航廈，從申根協定國起飛的航班通常於第二航廈（C 大廳）降落，其他則於第一航廈（A、B 大廳）降落。目前臺灣沒有直達布拉格的班機，欲前往布拉格最快的方法是於維也納或德國法蘭克福轉機，總行程約 18 個小時。

　　從西北方的國際機場前往布拉格市區的方法除了搭乘計程車外，只有搭乘巴士轉捷運一種選擇。而運行於機場與市區間的巴士分為兩種，機場快線巴士和一般巴士。此兩種巴士都為低底盤車型，乘輪椅或攜帶大型行李者也可以順利乘坐，唯銜接的地鐵站線不同，供旅客選擇。若嫌麻煩，不想拖著行李換車，則可以在出境後於 1 樓大廳櫃檯叫計程車。

		起訖站	所需時間	車資	附註
巴士	機場快線（Bus AE, Airport Express）	第一、二航廈直達市中心 Hlavní nádraží 站轉乘地鐵 C 線	約 33 分，每 30 分鐘一班	90 分鐘票券 32CZK；24 小時票券 110CZK；72 小時票券 310CZK	轉乘地鐵 C 線
	119 號	第一、二航廈至 Dejvická 站轉乘地鐵 A 線	約 17 分，每 5～20 分鐘一班		轉乘地鐵 A 線
	100 號	第一、二航廈至 Zličín 站轉乘地鐵 B 線	約 16 分，每 5～30 分鐘一班		轉乘地鐵 B 線
計程車		—	約 30 分鐘	至市區約 500CZK 起	—

・機場詳細動線請洽官網：http://www.prg.aero/en/

布拉格市區交通

　　布拉格市區大眾運輸工具（包含地鐵、電車與巴士）皆屬布拉格運輸公司（Dopravní podnik hlavního města Prahy，簡稱 DPP）管轄，使用同一種售票系統。雖然不是所有的大眾運輸都有無障礙系統，但由於布拉格政府已經於 1999 年開始推行相關改善措施，因此網站上的相關資訊非常流通，對於基本的觀光交通並沒有什麼太大的阻礙。

・布拉格運輸公司官網，可以查到所有無障礙大眾運輸工具的路線與時程表：http://www.dpp.cz/

地鐵（Metro）

　　由於布拉格是一個深具歷史背景的城市，其大眾運輸從早期就已開始開發。但由於多數重要觀光景點皆位於市區，要全面性地整修有一定的困難度。因此相較於新興國家，布拉格的地鐵站就顯得有些新舊交雜，僅在邊境地區的車站才設有電梯。但好在其官方網站與交通地圖標示詳盡，可供遊客先行查找，故較不會有坐到沒有電梯的車站，卡住出不來的情形發生。

電車（Tramvaje）

　　在布拉格遊走，搭乘電車可避免許多爬坡路段，省去不少麻煩。且電車與放射狀的地鐵形成綿密的網絡，讓手持地圖、肩負背包的旅客想到哪都非常方便。雖然電車仍未全面換

布拉格地鐵與電車路線圖

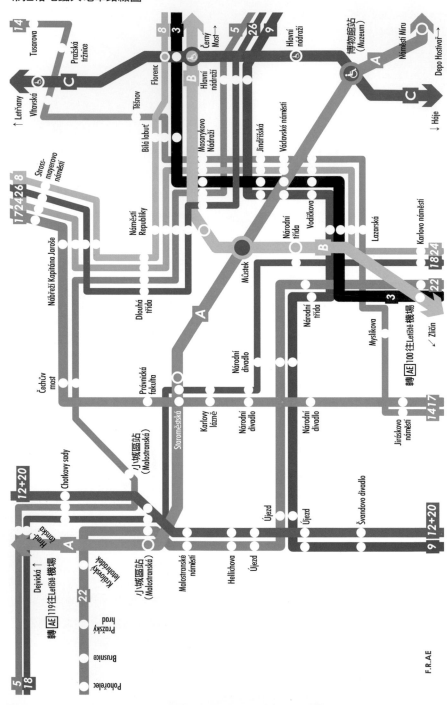

成低底盤車種，但不難發現站牌上會標明無障礙低底盤車種，且出現的頻率頗高，可見其交通已逐步改善中。

公車（Autobusy）

　　為補足市區地鐵的不足，不少行駛於市中心與機場的公車皆已改成低底盤車種。與電車系統相同，除了可在站牌上找到無障礙車種標示的車班圖外，還可事先上官網查詢欲搭乘的無障礙車次與時間，減少乘車問題。

TIPS

　　布拉格市區許多道路為以石磚砌成的徒步區，任遊客漫步。在這美麗的城市觀光時，誰也不知道會不會在準備打道回府的同時，又發掘到新的祕境。所以這裡要建議輪椅的椅墊鋪厚一點，以因應顛簸的石磚路面。

141

乘車票券

- 布拉格的車票是以時間計算的，在限定時間內可以無限次數搭乘地鐵、電車與公車。成人車票種類與票價分為 30 分鐘 24CZK、90 分鐘 32 CZK、24 小時 110CZK、72 小時 310CZK 和月票，可於地鐵售票窗口或購票機購買。欲使用購票機購票須注意，沒有販售 72 小時的票種，並只支援硬幣購票，故請自行備妥零錢。
- 小孩、學生與年長者有優惠票價，詳情請洽布拉格運輸公司官網。

　　購票後請在任一大眾運輸系統內的打票機打印上時間，才可以開始使用。由於捷克查票人員多著便衣，很難辨識，故建議不要抱著僥倖心態逃票。若不幸被查到未購票時，會被立即要求繳交高額罰鍰。

計程車

　　布拉格的重要景點皆位於市中心內，對於短期觀光的旅客選擇使用公車與電車，並搭配地鐵就已非常足夠。且在布拉格市中心較不常看到計程車出沒，因此若有計畫要到較遠的郊區，仍需要搭乘計程車時，可以事先撥打租車公司電話預約。較有聲望的計程車公司有 AAA radiotaxi、1.1.1. Radiocab taxi 及 City Taxi 等。

計程車公司官網資訊

- AAA radiotaxi
  電話：+420 222 333 222
  官網：http://www.aaataxi.cz/en/

- City Taxi
  電話：+420 257 257 257
  官網：http://www.citytaxi.cz/en/

- 1.1.1. Radiocab taxi
  電話：+420 220 113 892
  官網：http://www.1188.cz/

　　雖然多數計程車是依里程計，但各家計程車公司計價準標略有不同，且司機素質不一，時有超額收費的情形發生，所以最好事先談妥價錢。

布拉格 景點

擁有歐洲數百年來各式風格建築的布拉格，被譽為「黃金之城」、「百塔之城」、「世界的皇冠」。不管是高聳神祕的哥德式尖塔、鋪張華麗的巴洛克式宮殿或強調協調秩序的文藝復興建築，來到此地通通都欣賞得到。走進布拉格的街道，就能感受到昔日神聖羅馬帝國首都的風采。因為豐富、迷人且浪漫的風情，使布拉格成為臺灣女性最想到訪的蜜月勝地。

布拉格市區共分為 5 個主要區塊，其中又以有名的老城區與城堡區為遊客所熟知。多數的著名古蹟與景點都位於這兩個區域內，在相鄰的景點間步行皆可抵達。

INFO

布拉格旅遊景點實用官網
- 捷克旅遊局：https://www.czechtourism.com/
- 布拉格官方旅遊網站，除了景點外，對於布拉格的歷史文化也有詳盡的介紹：http://www.prague.eu/
- 布拉格城市線旅遊網站，可免費下載到電子地圖，並對身障旅客所需相關資訊也有介紹：http://www.praguecityline.com/

老城區周邊

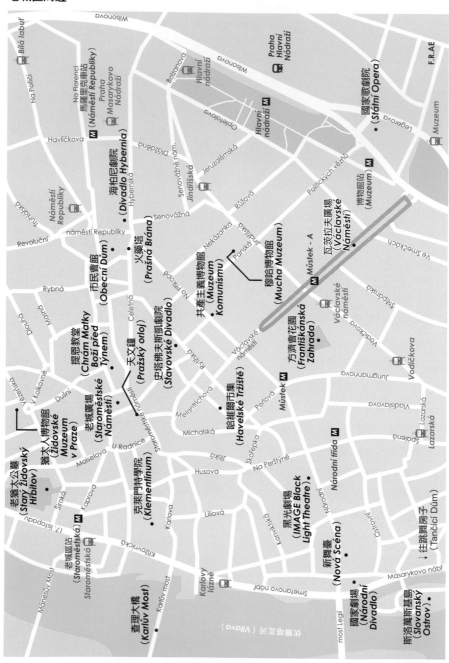

火藥塔（Prašná brána）

　　火藥塔的起源可追溯至 11 世紀，是當時老城區（Staré Město）中 13 座城門之一。1475 年時，國王佛拉迪斯拉夫二世（Vladislav Jagellonský）命人仿造老城區查理大橋的橋塔構造興建。然而這項浩大的防禦工程尚未完成，就因國王將皇宮遷都至布拉格城堡後而停滯。17 至 18 世紀時，此塔做為儲存火藥的地方和地牢，因而被稱為火藥塔。隨後經歷了普魯士軍隊的破壞，原本於火藥塔上許多華麗的哥德式雕刻受損剝落。直到 1875 ～ 1886 年間建築師 Josef Mocker 重新整修，保留了原本烏黑的外觀，並採用新哥德式風格，將火藥塔修築成現在的樣貌。

老城廣場（Staroměstské náměstí）

　　從廣場上的遊客數量就可以看出此處是布拉格觀光重要景點。一波接著一波的遊客，有的徘徊於提恩教堂（Kostel Matky Boží před Týnem）下的咖啡廳；有的守在天文鐘（Staroměstský orloj）前，等待報時；也有的手持煙囪麵包，於胡斯銅像前駐足。布拉格的老城廣場一年四季都像是個熱鬧的園遊會，一直到傍晚都聚集著大批的人潮。

老城廣場會有這麼多遊客不是沒有原因的。早在 11 世紀，這裡已經被規劃成一個大規模的市集，並且接連受到幾個藝術風潮洗禮，各式各樣風貌的建築，巴洛克、洛可可、羅馬、哥德式建築等，充斥著廣場周圍。其中哥德式的提恩教堂和位於舊市政廳（Staroměstská radnice）南側的天文鐘極為有名，每到快整點的時候，就可以看到遊客在這 15 世紀鐘錶匠設計的鐘下圍觀。

INFO

老城廣場
- 地址：Staroměstské nám., 110 00 Praha 1, Czech Republic
- 交通：搭乘電車 17、18 至 Staroměstská 站，再步行 15 分鐘。

TIPS

老城廣場最近距離的 Staroměstská 站，地鐵沒有無障礙設施，且行經電車僅有 17、18 號兩班（有低底盤車種）。好在相鄰的景點都不遠，徒步走上 20 分鐘內可以抵達。因此乘輪椅者可以安排從瓦茨拉夫廣場或查理大橋散步前往。

提恩教堂
（Chrám matky boží před týnem）

位於老城廣場邊的提恩教堂早期曾為羅馬式教堂。於 1365 年的擴建工程與數次的重建後，至今教堂以據有兩座對稱的 80 公尺高哥德式尖塔為特色，在布拉格的天際線成為醒目的標的。然而由於 1626 年一場閃電引起的大火後，提恩教堂內部嚴重受損的區域和主要廊道改為典型的巴洛克風格，原本的天頂已改為較低的拱頂。再加上北側入口處的哥德式耶穌受難日浮雕、西側祭壇上的早期巴洛克彩繪，以及布拉格現存最古老的管風琴，使得提恩教堂內部也非常具有可看性。

INFO

提恩教堂
- 開放時段：3 月至 10 月的週二至週六 10:00 ～ 13:00 與 15:00 ～ 17:00、週日 10:00 ～ 12:00；11 月至隔年 2 月開館時間可能因天候縮短。
- 票價：提恩教堂，成人 100CZK；65 歲以上長者、6 ～ 15 歲兒童與 26 歲以下學生 70CZK。提恩教堂與舊市政廳塔樓聯票，成人 180CZK。
- 地址：Staroměstské nám., 110 00 Praha 1, Czech Republic
- 交通：搭乘電車 17、18 至 Staroměstská 站，再步行 15 分鐘。
- 官網：www.tyn.cz

舊市政廳（Staroměstská radnice）與天文鐘（Pražský orloj）

　　舊市政廳最高的塔樓原本為一位富商所有。後因老城區市民發起的擴建計畫，開始向西側購買相鄰的房子，將這些不同的小房子相接合而成。因此舊市政廳除了主塔樓屬於哥德式建築外，還融合了一些文藝復興時期的風格。而附屬於市政廳塔樓南面的天文鐘則原為十五

世紀初，機械鐘鐘匠 Mikuláš Kadaně 與天文學家 Jan Šindela 聯合打造的。但後來布拉格受二次世界大戰的戰火波及，原天文鐘被全數燒毀，因此現今看到的所有天文鐘的零件都是後來修建時的複製品。

INFO

舊市政廳與天文鐘
- 開放時段：天文鐘每日 09:00 ～ 21:00，每隔一小時鳴鐘；舊市政廳塔樓於週二至週六 09:00 ～ 22:00、週日 11:00 ～ 22:00。
- 票價：舊市政廳塔樓，成人 130CZK；65 歲以上長者、6 ～ 15 歲兒童與 26 歲以下學生 80CZK。提恩教堂與舊市政廳塔樓聯票，成人 180CZK。
- 地址：Staroměstské nám. 1/3, 110 00 Praha 1, Czech Republic
- 交通：搭乘電車 17、18 至 Staroměstská 站，再步行 15 分鐘。

TIPS

　　提恩教堂內的歷史大廳沒有無障礙設施。所以反而較推薦登上觀賞提恩教堂的最佳位置的市政廳塔樓，遊客可透過古意的窗臺與整座教堂近距離合照。而舊市政廳塔樓內部有一座具有設計現代感的電梯，可從一樓直達觀景臺，是輪椅族在歐洲難得可以攻頂的瞭望塔。

哈維爾市集（Havelské tržiště）

　　一個位於舊城區，介於老城廣場與查理大橋之間，有著八百多年歷史的古老市集。所販賣的商品除了新鮮蔬果和伴手禮外，在哈維爾市集甚至可以找到歐洲的古童玩木偶和精美工藝品。聖誕節期間還有販賣道地的手做薑餅人等糖果餅乾。最有趣的是，漫步在攤販與兩旁商店間，不時可以聽到此起彼落的議價聲。因此在哈維爾市集如果有看到中意的商品，不妨試著與店家談個價碼。

INFO

哈維爾市集
- 開放時段：10 月至隔年 3 月 07:00 ～ 18:30、4 月至 9 月 07:00 ～ 19:00。
- 地址：Havelská 13, 110 00 Praha, Czech Republic
- 交通：搭乘電車 17、18 至 Staroměstská 站，再步行 10 分鐘。

查理大橋（Karlův most）

　　跨越伏爾塔瓦河（Vltava）的查理大橋，為早年銜接舊城區與小城區的重要建設。整座橋梁原為木頭建造，但因過橋的人民長年受到洪水氾濫的威脅，因此佛拉迪斯拉夫二世命人將橋樑改由石磚砌成。查理大橋全長 515.76 公尺，寬 9.5 公尺，可同時容納四輛馬車並行。然而現在橋上已變成徒步區，在夏季常有小攤販沿著兩側擺攤，兜售飾品與手工藝品，吸引不少遊客駐足。

　　查理大橋除了可以飽覽風光明媚的伏爾塔瓦河外，還有一個亮點：橋的兩側聳立著 30 尊巨大的巴洛克式雕像。每一座雕像都是中世紀的著名人物。而其中最著名的為聖約翰．內波穆克像，此人為查理四世時期的

宗教烈士。根據傳聞，觸摸石像下方浮雕上墜落城牆的牧師會帶來好運。此外，若觸摸聖約翰・內波穆克落水處的浮雕許願，願望也得以成真。要尋找這些浮雕並不難，遠遠地就可看到他下方的石碑已被遊客們摸到閃閃發亮。

INFO

查理大橋
· 地址：Karlův most, 110 00 Praha 1, Czech Republic
· 交通：搭乘電車 17、18 至 Staroměstská 站，再步行 5 分鐘。

TIPS

　　布拉格最經典的路線就是從老城廣場穿過哈維爾市集，一路逛到查理大橋。如果想要來個腳力訓練，也可以先安排到城堡區登高眺遠。再沿坡道下來，穿過小城區，向查理大橋往舊城廣場方向走，最後在舊市政廳下等待天文鐘報時。此行程可以在一天內走過城堡區、小城區和老城區的所有知名景點，對於時間較不充裕的旅客也是不錯的選擇。

跳舞房子（Tančící dům）

　　此建築為捷克籍建築師 Vlado Milunić 與美國建築師 Frank Gehry（後為西班牙古根漢博物館建築設計師）聯手打造。於 1996 年在新城區落成，屬於現代風格的建築。由建築物的外觀與其名稱做聯想，不難猜到建築靈感是來自一對跳舞的男女。建築師即以二戰結束後的好萊塢明星情侶：金潔與佛雷德的照片為範本，設計出具有舞動裙襬與別致禮帽的建築，並且在兩棟相依偎的建築中間彷彿還可以看到彼此支撐的手。在充滿古典、新古典等建築風格的布拉格，跳舞房子無疑地是最前衛的作品。

INFO

跳舞房子
· 地址：Jiráskovo nám. 1981/6, 120 00 Praha 2, Czech Republic
· 交通：搭乘電車 3、6、18、22、24 至 Karlovo náměstí 站，步行 5 分鐘；搭乘電車 14、17 或夜間公車 504、510 至 Jiráskovo náměstí 站。
· 官網：http://www.tancici-dum.cz/

149

城堡區（Hradčany）與布拉格城堡（Pražský hrad）

於第 9 世紀興建的布拉格城堡位於伏爾塔瓦河西邊的城堡區內。根據金氏世界紀錄，布拉格城堡是世界上最大的古城堡，占地將近 70,000 平方公尺，其中包含哥德式的聖維特大教堂、羅馬式的聖喬治教堂、修道院和幾個宮殿、花園、防禦塔。除了位於皇宮中央的聖維特大教堂外，較為著名的有曾發生過布拉格擲窗事件的舊皇宮，以及宛如童話故事般，有著給工匠居住的小巧房舍的黃金巷，這些都是廣為遊客津津樂道的參觀景點。

關於布拉格城堡區的歷史可以追溯到新石器時期，在此出土的古文物、繩紋陶甕非常豐富。到了中世紀早期，波西米亞人曾將此處做為執政中心，而後來的神聖羅馬帝國也曾兩度將此定為皇族居所。隨著這些城堡、塔樓陸續完工，布拉格城堡區儼然已經成為整個捷克的經濟與政治重鎮，帶動了整個區域，甚至整個國家的繁榮。直至今日，布拉格皇宮的一部分仍是捷克總統的住所，門口 24 小時有侍衛站崗，幸運的話還有機會看到總統親自於廣場閱兵。

INFO

城堡區與布拉格城堡

- 開放時段：聖維特大教堂、布拉格城堡、黃金巷 4 月至 10 月 09:00 ～ 17:00、11 月至隔年 3 月 09:00 ～ 16:00；城堡花園為 4 月至 10 月 10:00 ～ 18:00、11 月至隔年 3 月關閉；各館詳細開放時段請見官網。
- 票價：分區售票；全程（含聖維特大教堂、舊皇宮、布拉格城堡的故事展、聖喬治教堂、黃金巷、火藥塔、羅森堡宮），成人 350CZK，65 歲以上長者、6 ～ 15 歲兒童與 26 歲以下學生 175CZK；半程（含聖維特大教堂、舊皇宮、聖喬治教堂與黃金巷），成人 250CZK，65 歲以上長者、6 ～ 15 歲兒童與 26 歲以下學生 125CZK；門票於購買日起兩日內有效。
- 地址：119 08 Prague 1, Czech Republic
- 交通：搭乘電車 22 至 Pražský hrad 站，再步行 5 分鐘；或者可搭乘電車 12、20、22、18 至 Malostranské náměstí 站或 Malostranská 站，再步行 20 分鐘。
- 官網：www.hrad.cz

城堡區周邊

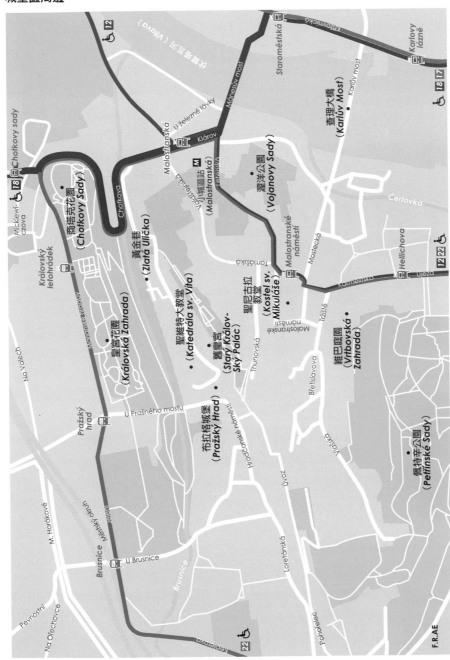

由於城堡區整體地勢較高，因此站在城牆邊可以俯瞰整個布拉格市區，將一棟棟橘瓦白牆典型捷克式建築盡收眼底。但若坐電車到 Malostranské náměstí 站往聖維特大教堂走，或者坐到 Malostranská 站往城堡區走，沿路都是上坡的石磚路，且坡段較陡，需要特別注意。對於行動不便的身障者建議乘 22 路電車，多坐幾站，直到 Pražský hrad 站再下車。此站距離城堡區較近，且車流量也較少，路面較為平穩好走。而下山則可以選擇順路到 Malostranská 站，或繞一圈回 Malostranské náměstí 站坐車。此路段店家與人潮較多，若喜歡熱鬧或想找餐館的遊客可以視情況決定。

舊皇宮（Starý královský palác）

原本為木製的華廈，至十二世紀被改建為石磚基底的羅馬式宮殿。在對外開放給遊客參觀的幾個廳裡，以佛拉迪斯拉夫大廳（Vladislavský sál）最為醒目。其流線型的挑高拱頂完全展現出晚哥德式的建築風格，退去給人過度鋪張華麗的壓迫感，整個大廳反而顯得樸實簡單。

此外從大廳的一隅可以看到對面的路德維翼窗，此窗即是發生擲窗事件的歷史現場。當時的捷克貴族將統治捷克的奧地利哈布斯堡王朝的兩名外交官扔出窗外。雖然兩名外交官因剛好落在牧草堆而逃過死劫，但此事件引發了長達三十年的戰爭。許多受牽連的布拉格貴族被拖到舊城廣場斬首，捷克文化也因此被壓制了一百多年，使整個捷克陷入了黑暗時期。

黃金巷（Zlatá ulička）

　　一排漆成五顏六色的低矮房舍，因相傳 16 世紀住著大批的鍊金術士而得名。原先這些房舍是當時國王為了供給防守城堡的 24名弓箭手居住而建造。由於位居城牆邊，地方不大，所使用的建材也較為簡陋，故於 2010 年曾將整條巷子封閉，將長年受雨水侵蝕與汙水損壞的房舍修繕，並進行大規模的重建工程。現在黃金巷已改成一間間的畫廊、商店和展覽館，展示中世紀的盔甲、武器，供給民眾參觀拍照。

瓦茨拉夫廣場（Václavské náměstí）與
國家博物館（Národní Muzeum）（見 P.144）

　　布拉格的文化與商業中心，瓦茨拉夫廣場，實為一條拓寬的大街。在街道頂端有一尊騎馬的戰士雕像，此為紀念波西米亞第一位國王、捷克的守護神，聖瓦茨拉夫。這個廣場也是以此座雕像而命名的。國家博物館位於雕像的背後，也是新城區的地標。博物館裡有不少自然史、礦物寶石、歷史文物、音樂藝術等，總計約 1,400 萬件的收藏。然而目前博物館正在維修，預計至 2018 年完工。部分展覽品移至隔壁的新博物館展出，僅偶爾舉辦樓梯音樂會的活動可以進去參觀。

　　隨著瓦茨拉夫廣場街道坡度向下延伸，兩旁除了旅館和辦公大樓外，百貨公司、購物商店林立，巷子內也可以見到一些貨幣兌換所。而在街道的另一頭還有一些流動攤位，販賣著各式香腸、麵包等街頭小吃。因此非常適合安排一整個下午到瓦茨拉夫廣場，購買回國所需的伴手禮。

INFO

瓦茨拉夫廣場與國家博物館
- 開放時段：新國家博物館常設展 10:00 ～ 18:00；不分平日假日。
- 票價：單次入場券，成人 90CZK；65 歲以上長者、6 ～ 15 歲兒童與 26 歲以下學生 65CZK；3 ～ 6 歲兒童與身障者 26CZK。
- 地址：Václavské nám. 68, 115 79 Praha 1, Czech Republic
- 交通：搭乘地鐵 A、C 線至 Muzeum 站。
- 官網：www.nm.cz

TIPS

　　事實上捷克很重視自然人文歷史的保存與其藝文教育，每年六月的博物館之夜活動。參與這項活動的博物館與藝文廊共有 39 座，全部於活動當天免費開放給民眾參觀。每年日期不定，可於官網上查詢。

其他城鎮
輕旅行

庫倫洛夫（Český Krumlov，CK 小鎮）

　　位於布拉格南邊，捷克與德國、奧地利邊境的庫倫洛夫，為一座圍繞著蜿蜒的伏爾塔瓦河構築而成的小鎮。西元 1302 年在此居住的居民多半為德國人，曾以小鎮地形取了一個有趣的德文鎮名 Krumme Aue（後被音譯為 Český Krumlov），原意為歪曲草地。由於此區物資豐饒，再加上 15 世紀末曾在附近城鎮發現黃金，因而湧入大量的人潮，並且時常成為各國爭奪的對象。直到二次世界大戰結束，鎮上的德語居民被驅逐，此區正式成為捷克南邊的觀光重點城市。

　　雖然庫倫洛夫小鎮曾經歷過許多征戰，但整個城鎮仍保有良好的中世紀建築風格，為此，1996 年小鎮已被聯合國教科文組織列為世界文化遺產之一。由於庫倫洛夫小鎮擁有許多橘色屋瓦和白色磚牆的民房，並與湛藍的伏爾塔瓦河相互襯映的世界級美景，因此每年吸引大批情侶、新婚夫妻前來遊玩。再加上宛如童話故事中的小鎮城堡與彩繪塔，和城堡劇院裡金碧輝煌的窗格式機械舞臺，使得庫倫洛夫小鎮的遊客更是絡繹不絕。

INFO

Shuttle 接駁車網站

· 交通：點對點接駁服務，布拉格或維也納到庫倫洛夫車程約 2.5 小時。
  1. CK Shuttle：http://www.ckshuttle.cz/
  2. CK Tour：http://www.cktour.eu/
  3. CZECH Shuttle：http://czechshuttle.cz/

· 官網：庫倫洛夫小鎮官方旅遊網站 http://www.ckrumlov.info/

TIPS

如果從布拉格選擇搭乘火車前往庫倫洛夫小鎮，除了需要在契斯凱布達札維（České Budějovice）轉高底盤火車外，尚需從車站步行 30 分鐘以上方可抵達小鎮市區。因此推薦行動不便的旅客可以使用另一種線上訂車，點對點接駁車服務。這種接駁服務是於網路上事先訂位，再幫你找其他旅客一起分攤乘坐小巴的費用。出發地可以選擇布拉格、契斯凱布達札維，或想從奧地利的維也納、林茲等前往也都很順。價格較一般大巴貴，每人約 900CZK，但有點對點的服務，可以省去舟車勞頓的辛苦。

庫倫洛夫小鎮官網上除了小鎮一般觀光旅遊資訊外，還有專為身障者設計的市區徒步觀光路線圖，供遊客免費下載。

皮爾森（Plzeň）

喜歡喝啤酒的人對皮爾森啤酒一定不陌生。其特色在於使用的是淺色麥芽和味道較苦的啤酒花，以下層發酵法釀造而成。由於 19 世紀前的捷克人民多使用上層釀造法製酒，所釀造出來的啤酒色澤暗淡混濁，且品質不穩。因此當皮爾森啤酒一問世就廣受捷克人喜愛。再加上當時鐵路運輸工具的快速普及，這金黃色的啤酒汁更快速地在歐洲各地造成轟動。

此赫赫有名的皮爾森啤酒，顧名思義就是來自捷克第四大城市——皮爾森市所出產的啤酒。而事實上，皮爾森市並不像卡羅維發利（Karlovy Vary）或瑪麗亞溫泉小鎮（Mariánské Lázně）來的貴氣優雅。但若看膩了歐洲的高塔城堡與大教堂，到訪皮爾森市時，反而更能感受到當地人的生活型態與步調。

皮爾森
- 交通：從布拉格中央車站（Praha hlavní nádraží）搭乘火車直達至皮爾森中央車站（Plzeň hlavní nádraží），每小時一班，車程約 2 小時。
- 官網：http://www.pilsen.eu/

皮爾森啤酒博物館（Plzeňský prazdroj）

　　來到啤酒比水更便宜的捷克，不妨坐火車去一趟皮爾森啤酒博物館，會發現歐洲人對於啤酒的講究超乎你的想像，每一種酒的麥子、啤酒花的種類、釀造、發酵過程、酒汁色澤、口味與泡沫多寡都不盡相同。並且在博物館導覽的最後重頭戲，走訪儲存發酵室。帶領遊客在皮爾森的地下酒窖中，大口品嘗直接從原木桶取出的皮爾森生啤。解說人員還會在喝完的同時，詢問是否要再續杯，讓到訪的每位遊客直呼過癮。

皮爾森啤酒博物館
- 開放時段：4 月至 9 月 08:30 ～ 18:00，10 月至隔年 3 月 08:30 ～ 17:00；英語導覽 12:45、14:15、16:15，共三場，需事先官網預約。
- 票價：成人 180Kč；65 歲以上長者與學生 99Kč。
- 地址：U Prazdroje 7, 304 97 Plzeň, Czech Republic
- 交通：從市區穿越 Radbuza 河步行 20 分鐘，或由火車站向北走 15 分鐘便可抵達。
- 官網：http://www.prazdrojvisit.cz/

　　皮爾森啤酒博物館導覽，包含最後的地下酒窖參觀，全程都有無障礙設施。且入場票價包含原木桶生啤暢飲。因此如果在布拉格或維也納無法到訪或錯過地下酒窖餐廳的遊客，可以選擇到皮爾森啤酒博物館參觀。

必吃美食與必敗小物

必吃美食

· 捷克餃子（Knedlíky）。
· 肉桂捲（Trdelník）。
· 酒館私釀啤酒（pivo）。

必敗

· 波丹尼（Botanicus）護手霜，死海
　泥香皂。

TIPS
歐洲飲酒文化
　　出國前僅耳聞歐洲人與國人喝酒的習性很不一樣，到了當地才發現，就連歐洲各地的飲酒文化本身也有顯著的差異。在餐館中，英國與法國人喜歡安安靜靜地品酒，而原本生性較為拘謹的德國人則會變得很放得開。因此當酒館中的德國人數量比較多時，整個用餐空間會變得更熱鬧且愉快。

匈牙利：
布達佩斯

PART 6

匈牙利簡介

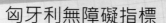
匈牙利無障礙指標

- **國名**：匈牙利（Magyarország）。
- **國際代碼**：HUN。
- **首都**：布達佩斯（Budapest）。
- **語言**：匈牙利語。
- **宗教**：全國約 66.5％的人口信奉
  天主教、17.9％的人信奉基督教。
- **從臺灣出發時間**：從臺北到布
  達佩斯（在杜拜或北京轉機），約 16 ～ 17 小時。
- **時差**：夏季比臺灣晚 6 個小時，冬季比臺灣晚 7 個小時。
- **商店時間**：

  一般商店：星期一至星期五 10:00 ～ 18:00，星期六 09:00 ～ 13:00。

  大型超市：星期一至星期六 10:00 ～ 21:00，星期日 10:00 ～ 18:00。布達佩斯 Tesco 為 24 小時營業。

- **銀行**：星期一至星期四 08:00 ～ 15:00，星期六 08:00 ～ 13:00。
- **貨幣**：英國通行的貨幣為福林。1 HUF ＝ 1 ft ≒ 新臺幣 0.11 元（2016 年 11 月）。
- **電壓**：匈牙利電壓 220V、頻率 50Hz。為兩圓形 孔的 C 型插座。

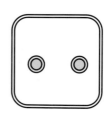

· 氣候 & 節慶：

	春	夏	秋	冬
全年平均氣溫（˚C）	3月　4月　5月　6月　7月　8月　9月　10月　11月　12月　1月　2月 30 25　　　　　　　　　　　日均最高氣溫 20 15　　　日均最低氣溫 10 5 0 -5			

月份	三月	四月	五月	六月	七月	八月	九月	十月	十一月	十二月	一月	二月
平均降水總量（mm）	32	42	58	74	57	60	40	33	48	40	33	30
平均降水天數（天）	7	7	9	9	7	7	5	5	8	7	7	6

氣候與衣著	溫差大，偶有降雨，可加穿防風雨的外套	高溫炎熱，降雨機率較高，建議出門攜帶雨具	天氣轉涼，可加穿防風雨的外套	冬天乾冷，偶爾下雪。穿戴禦寒衣物，並帶齊帽子、圍巾和手套。欲泡溫泉之旅客，記得攜帶游泳衣、帽
節慶	三月 15日　獨立宣言日 三～四月　復活節 三～四月　布達佩斯春季嘉年華 四月 五月 1日　勞動節 五月　五旬節	六月 月底　霍特貝德魯騎馬節 月底　索伯隆早期音樂節 月底　布達佩斯歡送嘉年華 月底　德魯爾夏季文化節 七月 七月　賽巨野外嘉年華 月底　柯塞巨街劇場節 七～八月　佩區派能嘉年華 八月 20日　建國紀念日	九月 九月　國際葡萄酒節 九～十月　布達佩斯秋季藝術節 十月 23日　共和國宣言日 十一月 1日　萬聖節	十二月 25日　聖誕節 一月 1日　元旦 二月

- **飲用水：**

    經過調查，匈牙利的公共飲用水水質都符合法律規定，且 85％的匈牙利人對自家水的品質感到自豪，因此匈牙利的自來水是可以直接飲用的。

    礦泉水的部分同樣分為含碳酸 Szénsavas víz 與不含碳酸 Szénsavmentes víz 兩種。以瓶蓋顏色區分，含碳酸者為粉紅色瓶蓋，不含碳酸者為藍色瓶蓋，含微量碳酸的礦泉水則為綠色瓶蓋。

- **小費：**

    到餐廳用餐，帳單內若未含小費，一般是給一成（10～20％）。搭計程車通常依照跳表的車資給司機 10％小費。而旅館住房則要給客房服務或櫃檯人員 10～20％、清潔人員 5％左右的小費。

- **生病就醫：**

    在匈牙利藥局除了可以購買非處方用藥外，還可憑國外（包括臺灣）醫師或藥師的處方箋買藥。若在旅途過程不幸生病或出意外，急需要看病的話，可直接撥電話叫救護車。因為在匈牙利無論是居民還是旅客，救護車都是免費的。

- **急難救助：**

    📞 急難救助電話：救護車 104、警察 107、消防電話 105、道路救援 188
    📞 駐匈牙利布達佩斯臺北代表處，電話：36-1-2662884、傳真：36-1-2664003
    地址：1088 Budapest Rakoczi ut 1-3/III em. Hungary

無障礙旅遊資訊網站推薦
- 匈牙利旅遊發展局官網，英文版有許多關於景點的無障礙資訊，並可用以查找具備無障礙設施的住宿旅店：http://itthon.hu/
- 布達佩斯官網，內有景點無障礙路線資訊：https://www.budapestinfo.hu/
- 匈牙利旅遊相關資訊網站，內有許多關於身障者的旅遊資訊：http://gotohungary.com/

匈牙利火車交通資訊

匈牙利火車搭乘指南

匈牙利國鐵 MÁV-csoport，是旅客往返匈牙利幾個大城市的重要交通工具之一。主要包含奧地利維也納、捷克慕尼黑等，班次相當頻繁和密集。但整體而言，車站與火車相對於鄰近國家（如：捷克與奧地利）較為老舊，也較為缺乏設計給身障人士使用的車種。

車種介紹

行駛於國內外的火車車種分六種：

· **Railjet**：超高速特快車，主要從西邊的維也納駛進匈牙利布達佩斯。

· **EC／EN（EuroCity／EuroNight）**：歐洲（夜間）城市列車，往來於匈牙利周邊各大城市。

· **IC（Intercity）**：城市列車，主要往返於匈牙利的布達佩斯至奧地利維也納與德國慕尼黑之間。

· **Sebes（Rapid trains）**：特快車，主要行駛於國內路線重點城市。

· **Gyorsvonat（Fast trains）**：快車，如同臺灣的莒光號，為停靠點較多的列車。

· **Szemelybonat（Passenger trains）**：慢車，停靠站最多，速度也相對較慢的區間車。

購票

可使用下列方式購票：

1. 車站售票櫃檯。
2. 自動售票機。
3. 官網購票。
4. 手機行動 APP，登入購票。

由於匈牙利國鐵至 2009 年以來也逐步開發網路及手機購票功能，因此也可於出發前 30 分鐘透過網路購票系統買票。

TIPS

網路購票

若於官網上選購車票時，可一併選擇車廂等級，而後系統會自動劃位。因此取得之車票上除了會註明出發日期時間、起訖站與班次外，也會一併標註好車廂與座位號碼，不需要額外訂位。購票後，需以付款確認信上的電子票號碼 reference number 至火車站的購票機打印出車票。

出發（日期．座位種：
2 等車廂．臥鋪．1 等
車廂．臥鋪）

乘客資訊
（多少人．乘客生日）

匈牙利國鐵官網上推出許多非常優惠的跨國票種，只要出發地是匈牙利，就能享受到在歐洲鐵路罕見的廉價優惠。網站購票時還會發現一件有趣的事，同樣的路線購買來回票比單程票便宜。且部分國際線有很大的優惠，時常有打到四折、五折的來回票，甚至有時用國際線搭乘國內線還相對比較划算。例如：

1. 布達佩斯至維也納單程僅 13 €，而四天內來回無限制搭乘僅 25 €。若四天的票種再加上 6 €，還包含了兩天無限次數的維也納市區交通票券。
2. 布達佩斯到布拉格單程票價 19 €起，來回票就有六折優惠。若想在布拉格待的時間長一點，也有四天內來回加市區交通無限制搭乘也僅 59 €。

　　所以若打算從布達佩斯出發至鄰近國家遊玩，可以考慮使用匈牙利國鐵網站購買來回票或優惠票種。

申報與劃位

　　雖然在匈牙利購買車票時即可選定座位，並不需要花費額外的費用。然而跑長途旅行時，若隨行有乘坐輪椅者，則需事先申報。請於一個工作天前至官網上下載英文表格，填寫姓名、聯絡方式、預計搭乘火車日期及班次、輪椅與個人資訊等。由於此表格與車站資訊並未數位化，故需於行前至官網下載列印，填妥後掃描，並以 e-mail 的形式進行申報。

乘車

　　匈牙利火車較為老舊，底盤較高，即使是跨國列車也不一定隨車配有電動乘車系統，因此須特別注意主要在哪裡乘車。一般較大的車站會有輔助輪椅上下車的外接式升降梯，例如：在抵達布達佩斯主火車站東站（Keleti pu.）後，旋即會有車站服務人員上前幫忙，推著升降梯協助乘車。

INFO

申報與劃位
· 官方表格載點位置：http://www.mavcsoport.hu/
· 填妥後寄至官方電子郵件信箱：megrendeles@mav-start.hu

乘車常用匈牙利語
　　由於匈牙利使用英語的廣泛程度並不如德語系國家，雖然官網上有英語介面，但仍可能會需要知道的一些匈牙利語如下。
· Odaút：去程。　　　　　· Visszaút：回程。
· Honnan：起始站。　　　· Hova：終點站。
· az utazás dátuma：出發日期。　· ülőhely：座位。
· 1.osztály／2.osztály：一等車廂／二等車廂。
· Telhesaru Menetdij：全程票價。
· Mozgáskorlátozottak：身障人士。

TIPS
　　在匈牙利有付小費的習慣。因此在上了車後，不要忘了給前來幫忙的站務人員應有的小費（協助乘車一個人約莫 500 至 700Ft）。

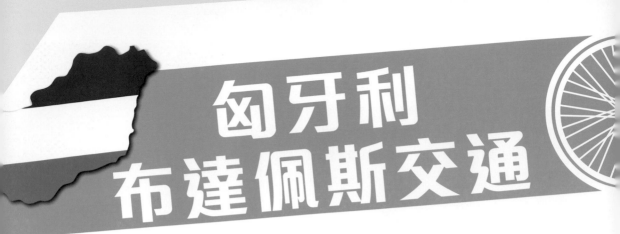

機場到市區

　　位於市區東南方的布達佩斯國際機場（Budapest Liszt Ferenc Nemzetközi Repülőtér, BUD），共有兩個航廈，從歐盟申根國出發的班機會於 2A 航廈降落。

　　從機場往返市區有三種選擇。

	起訖站	所需時間	車資	附註
公車 200E	從第 2 航廈搭乘至 Kőbánya-Kispest 站轉乘地鐵	50 ～ 60 分鐘	450HUF 起	搭地鐵前請先詳讀市內交通資訊
迷你巴士（miniBUD）	機場出境 2A 和 2B 航廈	50 ～ 60 分鐘	2,990HUF ／每人	八人座小巴，可線上訂位
計程車（Fötaxi）	機場 2A 和 2B 航廈出境處，櫃檯叫車	25 ～ 35 分鐘	6,500 ～ 7,000 HUF	不建議在機場外叫車或路邊攔車

INFO

- 布達佩斯國際機場官網：http://www.bud.hu/english
- 迷你巴士官網：https://www.minibud.hu/
- 計程車官網：http://www.fotaxi.hu/

布達佩斯市區交通

　　從一個市區大眾運輸系統可以發掘這個城市的綿長歷史演進，匈牙利首都布達佩斯就是最好的例子。這個城市雖然擁有放射狀四通八達的地鐵，以及可以通往城鎮每個角落的地面電車與公車。然而這些系統於 2014 年起才逐漸引進無障礙設施，至今對身障朋友仍不友善，使用起來並不便利。

INFO

　　布達佩斯的大眾運輸系統皆屬於布達佩斯交通局 Budapesti Közlekedési Központ，簡稱 BKK。其官方網站為：http://www.bkk.hu/

接駁車（Midibus）

　　由布達佩斯交通局 BKK 與身障協會專為行動不便者推出的接駁車。身障者與其陪同人員可撥打下列電話，提前預約平日 05:30 ～ 23:30 和週末 08:00 ～ 16:00 的接駁服務。收費公道，供一般民眾參考。
・電話：+36-70-390-34-14，限平日 08:00 ～ 16:00 撥打。

TIPS

　　布達佩斯城鎮被流經的多瑙河貫穿，分為布達和佩斯兩個主要地區。景點分散於市區各處，光靠雙腿很難遊遍所有景點，必定需要找到適合自己的交通運輸工具。

布達佩斯市區火車站

　　布達佩斯有三個主要的車站，分別為東站（Keleti pu.）、南站（Deli pu）與西站（Nyugati pu.）。行駛於匈牙利西邊各國的國際列車多數於主要車站東站發抵，少數往來於斯洛伐克、克羅愛西亞、塞爾維亞等國的火車於南站發抵。西站則多為國內線為主。

TIPS

　　三個火車站皆有地鐵與電車供旅客搭乘使用，然而須注意的是，地鐵僅有從東站出發的綠色 M4 號線設有無障礙電梯供乘輪椅者使用。

INFO

布達佩斯旅遊卡（Belföldi Budapest Card）
・票價：24 小時 4,900 HUF；48 小時 7,900 HUF；72 小時 9,900 HUF。
・可享有多項優惠折扣：
　1. 不限次數免費搭布達佩斯市區交通工具、遊覽巴士享八折優惠。
　2. 免費參觀 55 個市立博物館及一些景點，包括布達佩斯歷史博物館、匈牙利國家美術館。
　3. 魯卡茲溫泉浴場免費入場一次，其他溫泉浴場持卡多有八折優惠。
　4. 市區旅遊團半價折扣參加。
　5. 某些商店、餐廳有折扣。
　6. 機場迷你巴士服務、租車服務、運動設施均有折扣。
・詳細資訊請參考官網說明：http://budapest-card.com/en/

地鐵（Metró）

標有 M 字型標誌的地鐵以迪亞克廣場站（Déak Ferenc tér）為中心，向外輻射狀的黃色 M1 號線、紅色 M2 號線、藍色 M3 號線，共三條線道。再加上 2014 年完工的綠色 M4 號線，可以發現布達佩斯的地鐵非常發達。但值得注意的是，多數地鐵站沒有電梯與手扶梯。

INFO

地鐵

· 黃色 M1 號線：繼倫敦地鐵之後所建，為最古老的地鐵線之一。全線上沒有電梯及電扶梯，皆以普通樓梯進出。多數沒有設閘口，但時常有警衛於出入口處逢人查票。沿途經過聖史蒂芬大教堂、匈牙利國家歌劇院、英雄廣場等觀光景點。

· 紅色 M2 號線：一條橫切布達佩斯之地鐵線，位於地底三層樓深。對外僅有運轉速度飛快的加長型電扶梯。沿途由南站出發、經國會大廈、伊莉莎白廣場（迪亞克廣場站）、猶太教會堂、東站、人民體育場等主要觀光景點。但僅有 Örs vezér tere、Pillangó utca 和 Puskás Ferenc 站設有可抵達月臺的電梯。

· 藍色 M3 號線：擁有站點最多的藍色 M3 號線南北縱貫佩斯區，途經西站、中央市場。部分車站位於地面，部分則與紅色 M2 號線相同位於地底，對外設有又快又陡的電扶梯，僅 Kőbánya-Kispest 站設有電梯。

· 綠色 M4 號線：從主車站東站（Keleti pu.）出發，連接中央市場旁的 Kalvin ter 站。此線於 2014 年開通，地鐵站較新，且設有電梯等無障礙設施，手扶梯運轉速度亦較緩。

地面電車（Villamos ／ Trolibusz）

　　有環城及放射狀的地面電車系統，車身漆成黃色為代表色。沿途經過許多熱門觀光景點。雖然政府近年致力於設置殘障設施，然而行經市區的多數電車仍屬高底盤車種，乘坐輪椅者較難搭乘。

INFO

地面電車

　　旅客最常搭乘的地面電車 2、2A、4、6 號線中，由於軌道設計的關係，2、2A 號縱貫線之車種為高底盤車種，而 4、6 號環狀線則為輪椅可自由搭乘的低底盤車種。此外，2015 年新增設的新型低底盤電車 CAF tram 已於 1 號線營運，並且逐步替換掉 3、19、61 號的舊型車種。可以預期在不久的將來，低底盤車種會更全面地擴展到布達佩斯其他區域的地面電車系統。

TIPS

布達佩斯住宿旅店選擇

　　在選擇布達佩斯的下榻地點時，若預計以地鐵為交通工具，則建議沿著設有無障礙設施的綠色 M4 號線尋找適合的旅店；若預計以地面電車或公車為主要交通工具，則可選擇座落於電車 1、4、6 號線路上的旅店。

公車（Autóbusz）

　　市區的公車多數區域已有低底盤車種，超過一半的線路設有隨車拖板，供輪椅或娃娃車使用。相對於地鐵與地面電車，公車系統的無障礙設施概念已相對落實的較為完善。

INFO

　　在佩斯區，電車 4、6 環狀線無法抵達的區域，可改搭 70、74、78、79 號公車，以解決身障者無法搭乘鐵路 M1 號線的困擾。

169

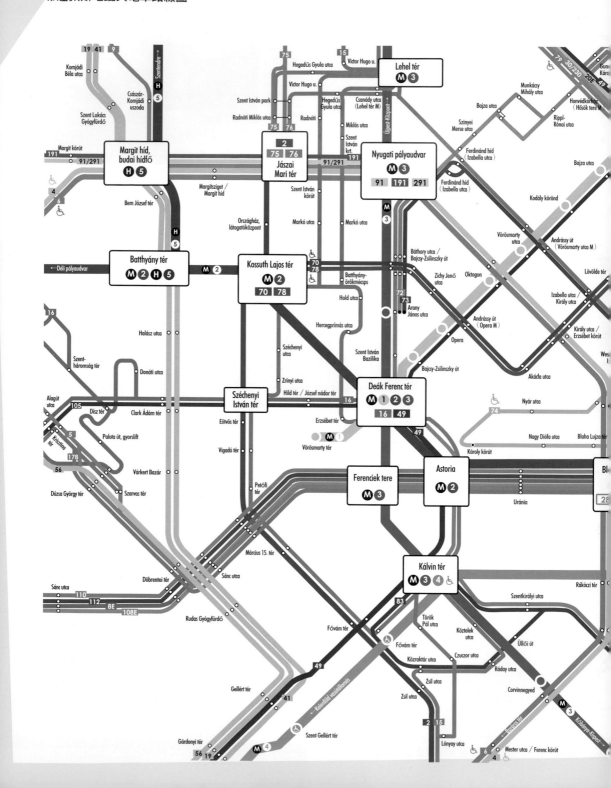

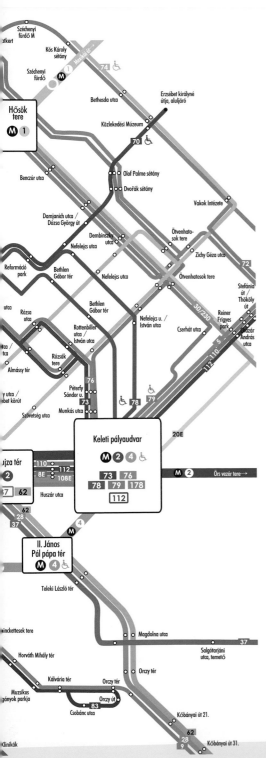

布達佩斯交通票券

　　持有布達佩斯通票，可以在期限內任意搭乘巴士、地鐵和電車。這樣的票券在地鐵或巴士總站的窗口購買得到，此外，書報攤或飯店有時也會代為販售。其中一般單程交通券：450 HUF；一日券：1,500 HUF（約 5 €）；三日券：3,700 HUF；七日周遊票：4,400 HUF。

　　使用車票前一定要先通過打印機，印上當天日期，若是使用周遊票券還要記得簽名。由於布達佩斯對車票的檢查非常嚴格，地面電車上臨檢頻繁，出入口也時常會有驗票員把關。如被查獲持票未打印日期，會立刻被處以高額罰鍰。

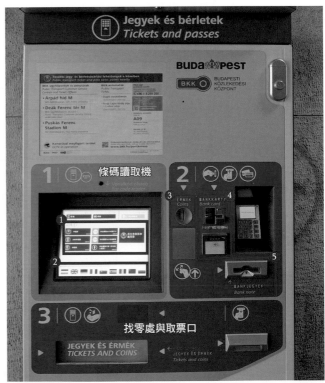

❶ 選取票種　　　❹ 銀行卡置入處
❷ 選擇語言　　　❺ 鈔票置入處
❸ 投幣處

遊覽巴士（Hop on Hop off）

在布達佩斯除了大眾交通系統外，還有一種遊走市區各大觀光景點的遊覽巴士。這種光聽名字會以為絕對無法乘坐的交通工具，對乘輪椅者而言，以此工具旅遊布達佩斯反而意外地方便。

雙層遊覽巴士所配合的導覽行程相當豐富，除了車上附有中英等多國語言城市導覽，並有配合折扣的店家，以及免費的夜間遊覽。甚至部分巴士公司還推出有特色的郊區行程、中央市場烹飪課程、鬼屋探險等活動，內容相當豐富，令人眼花撩亂。

遊覽巴士評比

布達佩斯主要營運的四間遊覽巴士公司，分別為 City Tour Hop on Hop off、Big Bus Budapest、Programcentrum 以及 Mr. Nilsz。

1. City Tour Hop on Hop off

以顯眼的紅色為主，為最早的遊覽大巴，所規劃路線多，有紅、黃、藍三種路線，再加上水路，共四條路線，停站點多。但缺點是車種較舊，僅一半的車種供輪椅者搭乘。平均每 30 分鐘就有一班車，班次頻繁。網路公定價為兩天 20 €，並額外有學生票價優惠。

· 詳細路線資訊請見官網：http://www.citytour.hu/

2. Big Bus Budapest

與 City Tour 同為紅色基底，為較新的雙層遊覽巴士公司。包含水路共三條路線，站點較 City Tour 少，不會行經主火車站東站（Keleti Pu.）。但 Big Bus 車種較新，幾乎所有來車都具備滑板斜坡供輪椅者搭乘。平均亦為每 30 分鐘一班車。公定起始價為兩天 22.5 €，並有搭配登山纜車與魯卡茲、賽切尼等知名溫泉的優惠票種供乘客選擇。

· 詳細路線資訊請見官網：http://eng.bigbustours.com/budapest/

3. Programcentrum

以綠色車身為代表，主要行駛於兩條路線，水路須另行購票。車種較參差不齊，多以一般公車的單層車種為主。網路公定起始價為兩天 22 €。

· 詳細路線資訊請見官網：http://www.programcentrum.hu/

4. Mr. Nilsz

　　為較小型的遊覽巴士公司，車型以多類似遊覽車的藍色單層遊覽巴士為主，較不適合乘輪椅者搭乘。

INFO

購買遊覽巴士乘車票券
　　此種城市旅遊大巴在地鐵三線匯集的迪亞克廣場站（Deák Ferenc tér）及主要火車站東站（Keleti pu.），都有人喊價與販售票券。也可行前上官網比較路線和價格後直接於網路上購票。

TIPS

　　City Tour Hop on Hop off 公司與 Big Bus Budapest 公司，還有配合行駛於多瑙河（Danube River）的遊船，乘坐輪椅也可以搭乘。因此非常推薦旅客，若選搭這兩間中任一間大巴公司，可選擇一個時段前往遊河，享受這樣的服務。

　　雖然相對於地鐵周遊票券價錢較高，但整體省去了不少換車的麻煩。若是碰上投緣的售票員還可以給你額外的折扣。很多大景點都設有上下車站，並且車上有市區導覽，以及免費遊船可搭乘，內容非常豐富。對在布達佩斯短期旅遊的旅客很值得一試。

遊船（Hajó）

　　行經多瑙河的遊船與上述的大眾交通工具皆為相同的一套售票系統（私營的除外）。但相較於地鐵與地面電車，在布達佩斯乘船方便許多，幾乎每一個停靠站都有無障礙設施。唯獨要注意的是，人行道至 Boráros、Petőfi、Szent Gellért 和 Batthyány 碼頭可能會有數階樓梯。

其他交通工具

　　布達佩斯還有許多有趣的市區觀光方式，如可行駛於陸上及水上的鴨子船、邊喝啤酒邊遊覽市區風光的協力腳踏車等等。若情況許可，也推薦旅客嘗試以不同方式遊覽布達佩斯。

TIPS

登城堡山纜車
　　如若想登城堡山的旅客，亦可選擇搭乘位於賽切尼鍊橋，老布達一端的纜車上山。此纜車具有無障礙設施，輪椅亦可搭乘。

布達佩斯景點

布達城堡（Budavári Palota）

　　布達城堡位於海拔 167 公尺的皇宮丘陵上，為中世紀時期匈牙利國王貝拉四世命人建造。經過多次易主、焚燒、炸毀與重建工程，原本的皇宮曾被改建為哥德式皇宮、土耳其清真寺以及巴洛克式城堡。1987 年聯合國教科文組織已將命運多舛的布達佩斯城堡列入世界文化遺產，並開放成為布達佩斯歷史博物館與匈牙利國家藝廊供民眾參觀。

175

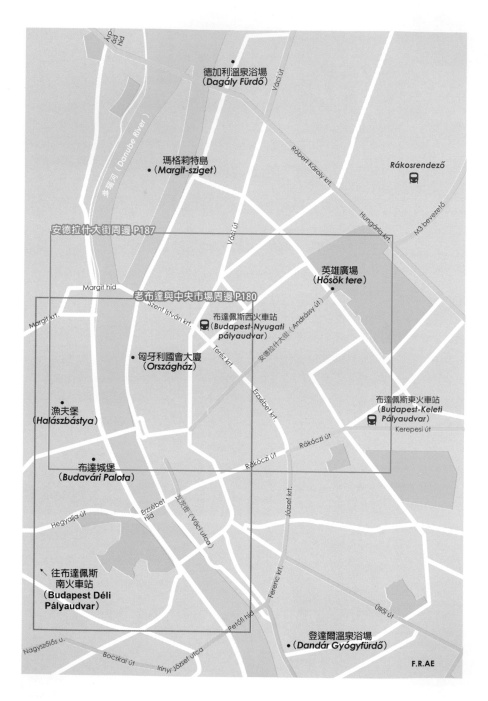

德加利溫泉浴場
（*Dagály Fürdő*）

瑪格莉特島
• （*Margit-sziget*）

多瑙河（Danube River）

Róbert Károly krt.

Rákosrendező

Hungária krt.

M3 bevezető

Váci út

安德拉什大街周邊 P187

Margit híd

英雄廣場
（*Hősök tere*）

老布達與中央市場周邊 P180

Szent István krt.

Margit krt.

布達佩斯西火車站
（*Budapest-Nyugati pályaudvar*）

安德拉什大街（Andrássy út）

匈牙利國會大廈
• （*Országház*）

Teréz krt.

Erzsébet krt.

漁夫堡
（*Halászbástya*）

布達佩斯東火車站
（*Budapest-Keleti Pályaudvar*）

Kerepesi út

布達城堡
（*Budavári Palota*）

Rákóczi út

Rákóczi út

József krt.

Hegyalja út

Erzsébet híd

瓦采街（Váci utca）

往布達佩斯
南火車站
（*Budapest Déli Pályaudvar*）

Ferenc krt.

Üllői út

Petőfi híd

登達爾溫泉浴場
• （*Dandár Gyógyfürdő*）

Nagyszőlős u.

Bocskai út

Irinyi József utca

F.R.AE

歷史博物館內展示了皇宮興建的歷史資料和舊皇宮的遺址。國家藝廊則收藏有超過 10 萬幅的畫作，其中包含 19 世紀的匈牙利畫家蒙卡其米哈里的作品，值得一看。

在皇宮丘陵上，布達城堡前還有一些別具看頭的雕像和紀念碑，如廣場上展翅的 Turul 獵鷹（Turulmadár）和刻有馬蒂亞斯國王獵鹿英姿的噴泉 Mátyás kútja 等。這些藝術作品也曾受到連年征戰的破壞，後被一一重建。至今成為遊客拍照打卡的熱門據點。

INFO

布達城堡
· 地址：I Szent György tér 2, Building E
· 交通：於賽切尼鏈橋（位於老布達一端），搭乘纜車上山。

布達佩斯歷史博物館
· 開放時段：11 月至隔年 2 月週二至週日 10:00 ～ 16:00；3 月至 10 月週二至週日 10:00 ～ 18:00；每週一閉館。
· 票價：成人 2,000 HUF；6 ～ 26 歲學生與 62 歲以上長者 1,000 HUF；6 歲以下兒童、70 歲以上長者、身障者與一位陪同人員免費。
· 官網：www.btm.hu

匈牙利國家藝廊
· 開放時段：週二至週日 10:00 ～ 18:00；週一閉館；閉館前一小時停止開放售票入場。
· 票價：成人 1,800 HUF；6 ～ 26 歲學生與 62 歲以上長者 900 HUF；6 歲以下兒童、70 歲以上長者、身障者與一位陪同人員免費。
· 官網：http://www.mng.hu/

漁夫堡（Halászbástya）

　　同樣位於皇宮丘陵上的漁夫堡始建於 1895 年至 1902 年間，有著新哥德式和新羅曼風格的外觀。由於中世紀時期，城腳下的漁民為保護其魚貨的銷售市場、捍衛漁村而成立工會，並為了防止敵人入侵而在魚市集旁的坡地上方興建堡壘，也就是為何這個位於皇宮丘陵西北邊的防衛型堡壘被稱為漁夫堡的由來。

　　然而當時的堡壘在二次大戰時受到砲彈攻擊而近乎全毀，使匈牙利在戰後花了龐大的金錢與時間進行修復。1948 年建築師約翰舒勒客（Schulek János）將漁夫堡重建後，現在已與布達城堡一起列為世界文化遺產。由於其獨特的外觀和多瑙河景色，今日的漁夫堡成為布達佩斯的觀景勝地。其內部也裝修成餐廳與咖啡廳，供遊客歇腳、拍照。

INFO

漁夫堡
- 開放時段：瞭望臺週一至週日 09:00 ～ 23:00。
- 票價：一樓免費參觀；瞭望臺成人 700 HUF；6 ～ 26 歲學生與 62 歲以上長者 350 HUF；6 歲以下兒童、70 歲以上長者免費。
- 地址：Budapest, Szentháromság tér, 1014, Hungary
- 交通：從布達城堡步行 15 ～ 20 分鐘；搭乘巴士 916 夜間路線至 Szentháromság tér 站。
- 官網：http://www.fishermansbastion.com/

TIPS

布達佩斯城堡山交通
　　從多瑙河邊要上布達佩斯城堡山都有一大段爬坡樓梯。由於上山的公車路線多數為舊型車種，身障者較不方便搭乘。雖然也有人推薦搭乘 16 號公車至山腳 Dózsa György tér 站，再轉搭城堡電梯上山。但由於無法確定 16 號公車是否有低底盤車種，因此除了到賽切尼鏈橋邊搭乘登山纜車外，較為推薦預約布達佩斯交通局的接駁車 Midibus 服務，或者選擇乘搭遊覽巴士 Hop on Hop off。遊覽巴士可以直達賽切尼鏈橋、布達城堡和漁夫堡，是遊歷布達佩斯城堡山最方便和快速的交通工具。此外，欲前往安德拉什大街與英雄廣場周邊，選擇乘坐遊覽巴士也很方便抵達其他市區景點。詳細遊覽巴士資訊請參考「匈牙利布達佩斯交通」。

賽切尼鏈橋（Széchenyi Lánchíd）與自由橋（Szabadság híd）

　　橫跨多瑙河，將布達與佩斯相連的重要橋梁共有九座。其中以設計師伊斯特凡 · 賽切尼於 1849 年築成的鏈橋，以及 1896 年 János Feketeházy 計畫建築的自由橋最有看頭。

　　全長 375 公尺的賽切尼鍊橋，為布達佩斯的第一座跨河大橋，也是歐洲最長的吊橋之一。其銜接匈牙利國會大廈和布達城堡兩個景點，重要性可媲美紐約的布魯克林大橋。以鋼骨搭配石墩結構的鏈橋本身就是個美景，兩側巨大的石獅與橋墩上的匈牙利國徽也曾多次出現在電影場景裡，儼然已成為布達佩斯象徵性的標的物。到了晚上，粗厚的鋼骨打上數千盞燈光的畫面更是一幅吸睛的畫作。

　　而連接中央市場與蓋勒特丘陵（Gellért hegy Természetvédelmi terület）的自由橋也是一大亮點。全長 333.6 公尺，寬 20.1 公尺的軍綠色橋身全為鋼骨構成，有著許多優美的線條。連同橋上的路燈，以及橋柱頂端停駐的四座匈牙利神話中的 Turul 獵鷹銅像彷彿都是歐洲古典裝置藝術。自由橋因此吸引了不少當地民眾在黃昏時刻坐在橋上喝酒聊天，而準新人們到此取景、拍攝婚紗也是常有的事。

INFO

賽切尼鏈橋
- 交通：搭乘 70、78 號公車至 Kossuth Lajos tér 站，步行 15 ～ 20 分鐘；搭乘遊船 D11、D12 線至 Petőfi tér（Erzsébet híd）港口，步行 10 ～ 15 分鐘。

自由橋
- 交通：搭乘地鐵 M4 線至 Fővám tér 站或 Szent Gellért tér 站；搭乘遊船 D11、D12、D13 線至 Szent Gellért tér M（Szabadság híd）港口。

老布達與中央市場周邊

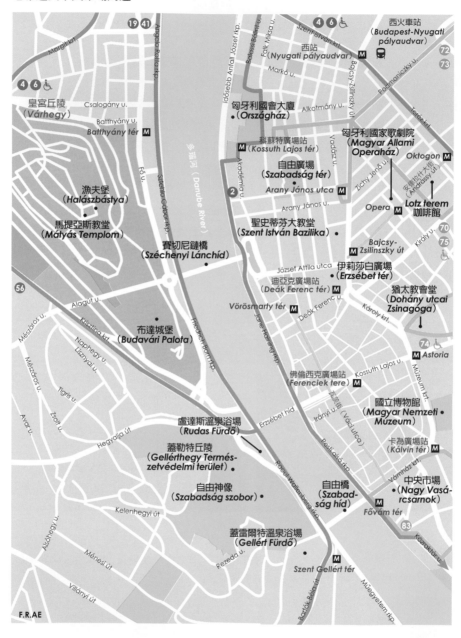

19 41

4 6

西火車站
（Budapest-Nyugati pályaudvar）
72
73

西站
（Nyugati pályaudvar）

4 6 ♿
皇宮丘陵
（Várhegy）

Csalogány u.

Batthyány u.
Batthyány tér M

匈牙利國會大廈
•（Országház）

Markó u.

Alkotmány u.

匈牙利國家歌劇院
（Magyar Állami Operaház）
Oktogon M

科蘇特廣場站
（Kossuth Lajos tér）M

自由廣場
（Szabadság tér）

安德拉什大街（六大街）
Andrássy út

漁夫堡
（Halászbástya）
Arany János utca •

Lotz terem
咖啡館

馬提亞斯教堂
（Mátyás Templom）

2
Arany János u.

Opera M

聖史蒂芬大教堂
（Szent István Bazilika）•

賽切尼鏈橋
（Széchenyi Lánchíd）

Bajcsy-
Zsilinszky út M
70
75

József Attila utca

伊莉莎白廣場
•（Erzsébet tér）

56

迪亞克廣場站
（Deák Ferenc tér）M

猶太教會堂
（Dohány utcai Zsinagóga）

Alagút u.

布達城堡
（Budavári Palota）

Vörösmarty tér

Deák Ferenc u.

74 ♿
M Astoria

佛倫西克廣場站
（Ferenciek tere）M

Kossuth Lajos u.

國立博物館
（Magyar Nemzeti • Múzeum）

盧達斯溫泉浴場
（Rudas Fürdő）

卡為廣場站
（Kálvin tér）M

蓋勒特丘陵
（Gellérthegy Termé-
szetvédelmi terület）•

Erzsébet híd

中央市場
•（Nagy Vásá-rcsarnok）

自由神像
（Szabadság szobor）•

自由橋
（Szabad-
ság híd）

Fővám tér

83

Kelenhegyi út

蓋雷爾特溫泉浴場
（Gellért Fürdő）

M
Szent Gellért tér

F.R.AE

英雄廣場（Hősök tere）與城市公園（Városliget）

　　位於安德拉什大街底端有一個半橢圓形的英雄廣場。此廣場上立了 13 根柱子，中間有高 36 公尺的建國千年紀念柱。紀念柱頂端站著大天使加百列，下面則為七個馬扎爾酋長的銅像，象徵著紀念匈牙利重要的國家領導人及無名烈士。

　　紀念柱上天使加百列的身後為占地 100 公頃，約為 4 座大安森林公園大小的城市公園，包含了布達佩斯動植物園（Fővárosi Állat- és Növénykert）、賽切尼溫泉浴場（Széchenyi fürdő），以及現為農業博物館的維達杭亞城堡（Vajdahunyad vára）。加上英雄廣場兩側的美術博物館（Szépművészeti Múzeum）和藝術畫廊（Műcsarnok），都是屬於城市公園內的重要景點。由於上述景點都座落在這一區，因此不論是觀光客或是本地人都很喜歡到城市公園內走走。

英雄廣場與城市公園
· 地址：Budapest, Hősök tere, 1146, Hungary
· 交通：搭乘電車 1 號線路至 Kacsóh Pongrác út 站、Erzsébet királyné útja, aluljáró 站或 Ajtósi Dürer sor 站，穿過城市公園步行約 25 ～ 30 分鐘抵達英雄廣場；搭乘 79 號公車至 Hősok tere 站，下車即達。

安德拉什大街（Andrássy út）

　　安德拉什大街是匈牙利最著名的林蔭大道，也是布達佩斯主要購物街道之一。兩旁充斥著咖啡館、書店、餐廳、劇院，以及新文藝復興風格的豪宅建築，每一棟都有著精美的外牆與別致的室內設計。這些美麗的建築連同整條街已於 2002 年納入世界文化遺產。

　　然而安德拉什大街不僅只有美麗的外殼，還深具歷史色彩背景。回溯至 1950 年，匈牙利被蘇聯占領，此街稱為史達林街（Sztálin út）。6 年後，馬扎爾起義，將之更名為匈牙利青年大道（Magyar Ifjúság útja）。隔年又被執政黨改為人民共和國大街（Népköztársaság útja）。一直到 20 世紀末，匈牙利正式結束共產主義時代，才將名字改回現在的安德拉什大街。不難發現自 20 世紀中葉起的這 50 年間，此條街道名稱的更替反應出這一時期匈牙利的政治動盪。

安德拉什大街
· 開放時段：商店營業時段約為 10:00 ～ 18:00；餐廳營業時段約為 11:00 ～ 19:00。
· 交通：搭乘電車 4、6 號線路至 Oktogon 站；搭乘電車 1 號線至 Kacsóh Pongrác út 站，再穿過城市公園，步行約 25 ～ 30 分鐘抵達；搭乘 70、78 號公車至 Andrássy út（Opera M）站或 79 號公車至 Hösok tere 站，下車即達。

恐怖之屋（Terror Háza）

　　同樣位於安德拉什大街，有一間名為恐怖之屋的博物館。博物館外觀為灰黑色為主，並貼有匈牙利十月事件部分殉難者的照片。館內展出關於史達林法西斯主義、德國納粹主義和蘇聯統治時期的歷史文獻資料，其中也包含有關匈牙利法西斯組織箭十字黨和匈牙利獨裁政權時期國安局的展品。部分展出被刻意設在博物館地下室，並重現了祕密警察用來偵訊囚犯的密室，讓遊客可以感受一下當時政治獨裁高壓下的恐怖氛圍。

INFO

恐怖之屋
- 開放時段：週二至週日 10:00 ～ 18:00；週一閉館；閉館前半小時停止售票入場。
- 票價：成人 2,000 HUF；6 ～ 26 歲學生與 62 歲以上長者 1,000 HUF；6 歲以下兒童、70 歲以上長者、身障者與一位陪同人員免費。
- 地址：Budapest, Andrássy út 60, 1062, Hungary
- 交通：搭乘電車 4、6 號線至 Oktogon 站；搭乘 70、78 號公車至 tzabella utca ／ Király utca 站，步行 15 分鐘。
- 官網：http://www.terrorhaza.hu/

匈牙利國家歌劇院（Magyar Állami Operaház）

　　匈牙利國家歌劇院為一棟位於安德拉什大街的新文藝復興風格劇院。歌劇院落成後，根據 1970 年一群國際工程師所做的測量，其音響效果僅次於米蘭斯卡拉歌劇院和巴黎歌劇院，是世界公認的少數幾座不僅美麗，且音響質量條件方面名列前茅的頂級歌劇院之一。

劇院禮堂呈馬蹄形，屋頂中間設有一個歷史悠久的水晶吊燈，經幾次的整修後，重量為 2.1 噸，有 220 個燈泡。觀眾席共有四層樓高，1,261 個席次，四周鍍金護欄上裝飾有面具、鵜鶘、持樂器的邱比特等。這樣豪華的歌劇院幸運地躲過了二次世界大戰的戰火，並挺過了 1950 年的經營危機。從原本只有芭蕾舞劇表演，發展至今已大量加入歌劇、音樂會等節目，也曾邀請許多重要音樂家在此登臺。即便不懂戲曲表演的觀眾，也很適合買張門票，感受奢華頂級的音樂氛圍。

匈牙利國家歌劇院
- 開放時段：表演季 9 月至 6 月。
- 票價：依場次座位不同而異。
- 地址：Budapest, Andrássy út 22, 1061, Hungary
- 交通：搭乘電車 4、6 號線至 Oktogon 站，步行 10 分鐘；搭乘 70、78 號公車至 Andrássy út（Opera M）站，下車即達。
- 官網：http://www.opera.hu/

匈牙利國會大廈（Országház）

　　位於多瑙河畔的自由廣場上有一棟造型對稱的雄偉建築，即匈牙利國會大廈。它不僅是歐洲最古老的立法機構之一，也是歐洲第二大、世界第三大的議會大樓。由建築師伊姆雷 · 斯坦德爾（Steindl Imre）於 1904 年建造完工，有著白色牆面與磚紅色屋頂，屬於新哥德式建築風格。當時的建造工程浩大，使用了 50 萬塊裝飾石材和 4,000 萬塊磚，並且於室內的每根梁柱與窗框皆鍍上一層黃金，再配上黃澄澄的高腳檯燈與純手工織造的地毯，著實絢麗奪目。這樣富麗堂皇的宮殿共有 691 個房間、27 個大門和總長達 20 多公里的樓梯，所有重大會議和慶典都會在此舉行。平日則開放給一般民眾買票參觀。

匈牙利國會大廈
- 開放時段：每日英語導覽時間 10:00、12:00、13:00、14:00、15:00；全程約 50 分鐘；僅可參加導覽入內參觀。
- 票價：非歐洲公民，成人 HUF 5,200、6 ～ 24 歲學生 HUF 2,600、6 歲以下孩童免費；可事先於官網購票。
- 地址：Budapest, Kossuth Lajos tér 1-3, 1055, Hungary
- 交通：電車 4、6 號線至 Jászai Mari tér 站，步行 10 分鐘；搭乘 70、78 號公車遊船 D11、D12、D13 線至 Kossuth Lajos tér M 港口。
- 官網：http://www.parlament.hu/

瓦茨街（Váci Utca）

　　瓦茨街是位於佩斯中心一條熱鬧的徒步街，由於白天街上商店、咖啡店林立，其中包括幾間 Outlet 和小店鋪，販賣名牌衣服、包包、鞋款、民俗物品、紀念品等，應有盡有。到了傍晚則換酒館、餐館開始營業，因此瓦茨街從早到晚總是人潮絡繹不絕。

　　然而事實上瓦茨街是由幾個小廣場與幾條從主街延伸出去的小路組成，橫跨十多個街區（約兩個捷運站的距離），是布達佩斯極佳購物景點之一。如果是喜歡購物的遊客想從頭到尾逛到盡興、耗上一整個下午或一整天也不無可能！因此建議不妨穿著最輕便的衣物與好走的鞋，前往瓦茨大街尋找寶物吧。

中央市場（Nagy Vásárcsarnok）

　　中央市場位於瓦茨街底端一棟長方形建築裡，是布達佩斯最大、最古老的室內市場。中間挑高三層樓，屋頂多處以玻璃代替磚瓦，使室內空間更明亮。地下室為超商，販賣包含魚、肉和鹹菜等商品。一樓面積最廣，主要出租給各式小攤販，販售肉類、各式醬料、大蒜辣椒等香料、烈酒、糕點和糖果等食材。二樓主要販售服飾、紀念品與熟食等。由於中央市場商品種類繁多、交通位置便利，因此營業時間總是充滿了購物人潮。不論是揹著

背包的遊客，或是拖著菜籃的當地居民都會來此大肆採購。再加上不時會出現街頭藝人演奏手風琴、大小提琴等樂器，叫賣聲、喊價聲、音樂聲交織在一起，讓中央市場總是生氣蓬勃，熱鬧非凡。

INFO

中央市場

- 開放時段：週一至週六 06:00 ～ 18:00；週日閉館。
- 地址：Budapest, Vámház krt. 1-3, 1093, Hungary
- 交通：搭乘地鐵 M4 線至 Fővám tér 站；搭乘遊船 D11、D12、D13 線至 Szent Gellért tér M（Szabadság híd）港口。
- 官網：http://www.piaconline.hu/

TIPS

中央市場除了販售新鮮的食材外，也可在此買到許多匈牙利特有的罐頭、罐裝醃漬醬料與特產酒，都非常適合拿來充當伴手。而且攤販多，可以多方比價，購買數量多還可以殺價，因此廣受婆婆媽媽們的喜愛。

極為推薦中央市場必買商品：鵝肝醬、魚子醬、櫻桃醬、貴腐酒，送禮自用兩相宜。

瑪格莉特島（Margit-sziget）

瑪格莉特島位於多瑙河中央，是座長 2.5 公里，寬 500 公尺的船形小島。其行政劃分既不隸屬於布達，也不屬於佩斯管轄。在 12、13 世紀此島被稱作兔子島，曾是皇親貴族們的狩獵區。但後來因為瑪格莉特公主受國王貝拉四世之命，為了祈福，無私地將自己的餘生奉獻給島上的修道院。在公主逝世後，為了感念她，因而將此島改名為瑪格莉特島。

如今瑪格莉特島上隨著城市的開發，成為了一座清幽的市民公園，包含景點有海灘浴場（Palatinus Strandfürdő）、國家游泳池（Nemzeti Sportuszoda）、多明尼加修道院遺址（Domonkos rendi kolostorromok）、露天劇場、林蔭步道和音樂噴泉等等。但與位於安德拉什大街底端熱鬧的城市公園不同，瑪格莉特島上的市民公園有著遠離城市喧囂的恬靜氛圍，是布達佩斯居民的假日休閒場所。

INFO

瑪格莉特島

- 交通：搭乘電車 4、6 號線至 Margitsziget／Margit híd 站。

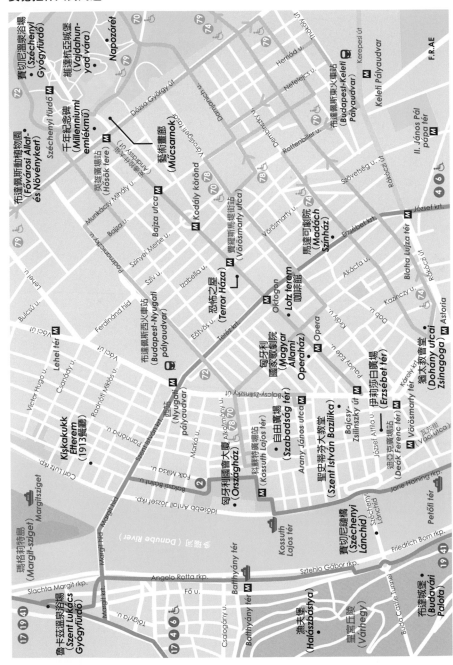

安德拉什大街周邊地圖

主要地點標示：

- 瑪格利特島 (Margit-sziget)
- 魯卡茲溫泉浴場 (Szent Lukács Gyógyfürdő)
- 布達佩斯動物植物園 (Fővárosi Állat- és Növénykert)
- 賽切尼溫泉浴場 (Széchenyi Gyógyfürdő)
- 維達杭亞德城堡 (Vajdahunyad vára)
- Napozórét
- 千年紀念碑 (Millenniumi emlékmű)
- 英雄廣場站 (Hősök tere)
- 藝術畫廊 (Műcsarnok)
- 布達佩斯東火車站 (Budapest-Keleti Pályaudvar)
- Kodály körönd
- 馬達可劇院 (Madách Színház)
- 恐怖之屋 (Terror Háza)
- 歌羅斯瑪堤街站 (Vörösmarty utca)
- Oktogon
- Lotz terem 咖啡館
- Opera
- 匈牙利國家歌劇院 (Magyar Állami Operaház)
- 布達佩斯西火車站 (Budapest-Nyugati Pályaudvar)
- Kiskakukk Étterem (1913餐廳)
- 自由廣場 (Szabadság tér)
- Arany János utca
- 巴伊奇沙林斯基路 (Bajcsy-Zsilinszky út)
- 伊莉莎白廣場 (Erzsébet tér)
- 猶太教會堂 (Dohány utcai Zsinagóga)
- 西站 (Nyugati pályaudvar)
- 聖史蒂芬大教堂 (Szent István Bazilika)
- 匈牙利國會大廈 (Országház)
- 科蘇特廣場站 (Kossuth Lajos tér)
- Kossuth Lajos tér
- 賽切尼鏈橋 (Széchenyi Lánchíd)
- Margit-sziget
- 渔夫堡 (Halászbástya)
- 皇宮丘陵 (Várhegy)
- 布達城堡 (Budavári Palota)
- Danube River (多瑙河)
- Batthyány tér
- Deák Ferenc tér
- Astoria

全民泡湯

匈牙利的溫泉文化源自於羅馬時代，至今已有兩千多年的歷史。其境內三分之二的領土被評斷適合開發溫泉或是冷泉，有約 1,300 個溫泉和 400 個溫泉醫療中心。這些溫泉浴場中有 135 個湧出地表的溫泉已被認可具有療效，35 個醫療浴所提供治療服務，在歐洲獨樹一幟。而其首都布達佩斯，更號稱在整個歐洲境內擁有最多具有療效的溫泉、醫療浴池，並以此聞名全世界。下列即分別介紹幾間在布達佩斯具有無障礙設施的溫泉浴場。

德加利溫泉浴場（Dagály Fürdő）（見 P176）

以室外的四個大型溫泉泳池為主的 Spa 溫泉會館。全館都有無障礙設施，並設有無障礙更衣室和洗手間。其中 50 公尺長的游泳池具有特殊的電梯裝置，身障者可透過此裝置抵達泳池內。唯獨 25 公尺長的泳池在冬季期間輪椅無法使用。

> **INFO**
>
> 德加利溫泉浴場
> - 開放時段：週一至週日 06:00 ～ 20:00；閉館一小時前停止售票。
> - 地址：Budapest, Népfürdő u. 36, 1138, Hungary
> - 交通：搭乘電車 1 號線至 Népfürdő utca（Árpád híd）站，或搭遊船 D11、D12、D13 線至 Népfürdő utca（Árpád híd）港口，步行約 5 分鐘。
> - 官網：http://www.dagalyfurdo.hu/

登達爾溫泉浴場（Dandár Gyógyfürdő）（見 P176）

　　由 2 個具有不同療效的溫泉與 1 個按摩池組成，具有桑拿室和各式醫療健康設施。泳池並提供身障者使用的座椅式升降梯。

登達爾溫泉浴場
- 開放時段：平日 06:00 ～ 20:00；週六、日 08:00 ～ 18:00。
- 地址：Budapest, Dandár u. 3, 1095, Hungary
- 交通：搭乘電車 4、6 號線至 Ferencvárosi rendelőintézet 站或 Bokréta utca 站，步行約 5 分鐘；搭乘巴士 281 線至 Haller utca ／ Mester utca 站，步行約 5 分鐘；搭乘遊船 D11、D12、D13 線至 Haller utca 港口，步行約 5 分鐘。
- 官網：http://www.dandarfurdo.hu/

蓋雷爾特溫泉浴場（Gellért Fürdő）（見 P180）

　　建築精美大氣，室內裝潢優雅舒適，有衝浪式溫泉池，是家庭泡溫泉的最佳場所。從大門進入至以分離主義建築為特色的室內浴池沒有任何階梯，稍微令人感到可惜的是，通往夏季開放的露天戶外浴池仍有一些階梯。

蓋雷爾特溫泉浴場
- 開放時段：週一至週日 06:00 ～ 20:00。
- 地址：Budapest, Kelenhegyi út 4, 1118, Hungary
- 交通：搭乘地鐵 M4 線至 Szent Gellért tér 站。
- 官網：http://www.gellertfurdo.hu/

魯卡茲溫泉浴場（Szent Lukács Gyógyfürdő）（見 P187）

　　布達佩斯當地人第一推薦的溫泉療養浴場，位於瑪格莉特大橋旁，環境清幽，遊客較少。其建築於 2012 年曾進行過翻修，並增設了無障礙設施與通往泳池的座椅式升降梯。

魯卡茲溫泉浴場
- 開放時段：週一至週日 06:00 ～ 22:00。
- 地址：Budapest, Frankel Leó utca 25-29, 1023, Hungary
- 交通：搭乘電車 4、6 號線至 Margit híd, budai hídfő H 站，步行約 5 ～ 10 分鐘。
- 官網：http://www.lukacsfurdo.hu/

盧達斯溫泉浴場（Rudas Fürdő）（見 P180）

　　早在 15 世紀土耳其人占領期間建造的浴場。擁有在布達佩斯最有名氣，且具有醫療作用的溫泉浴池，以及設有桑拿浴室、藥材池和游泳池。所有更衣室和洗手間乘輪椅可抵達，泳池也設有移動座椅式升降梯。

INFO

盧達斯溫泉浴場
- 開放時段：週日至週四 06:00 ～ 22:00；週五、六 06:00 ～隔天清晨 04:00。
- 地址：Budapest, Döbrentei tér 9, 1013, Hungary
- 交通：搭乘巴士 5 號線、956 夜間路線至 Döbrentei tér 站，步行約 10 分鐘；搭乘遊船 D11、D12、D13 線至 Szent Gellért tér M（Szabadság híd）港口；搭地鐵 M4 線至 Szent Gellért tér 站，步行約 15 ～ 20 分鐘。
- 官網：http://www.spasbudapest.com

賽切尼溫泉浴場
（Széchenyi Gyógyfürdő）（見 P187）

　　歐洲最大的溫泉浴場，大大小小的浴池約莫 17 ～ 18 個，分室內和露天部分。主建築是 18 世紀巴洛克式宮殿，給遊客彷彿置身於宮廷花園裡沐浴般的感受。館內有無障礙更衣室、洗手間和泳池移動式升降梯，但仍建議事先致電洽詢。

INFO

賽切尼溫泉浴場
- 開放時段：週一至週日 06:00 ～ 22:00。
- 地址：Budapest, Állatkerti krt. 9-11, 1146, Hungary
- 交通：搭乘電車 4、6 號線至 Kacsóh Pongrác út 站。
- 電話：+36-1-3633210
- 官網：http://www.szechenyibath.com

水上世界（Aquaworld）

一座以吳哥窟為主題的大型水上樂園，以戶外冷浴池為主。浴池之間沒有什麼階梯，具備完善的無障礙設施，提供給喜歡豐富多樣的遊樂設施的旅客。建議需有陪同者一起前往，以確保安全。

INFO

水上世界
- 開放時段：週一至週日 06:00 ～ 22:00；泳池閉館前 30 分鐘關閉；部分遊樂設施至 09:30 後開放。
- 地址：Budapest, Ives Ut 16, 1044, Hungary
- 交通：09:30、13:30、17:30、19:30 從英雄廣場站（Hősök tere）至 Aquaworld 站有免費接駁巴士。
- 官網：http://www.aquaworldresort.hu/

TIPS

　　匈牙利是有名的溫泉國度，有不少的遊客都是為了泡湯而來。而在布達佩斯有許多溫泉浴場，更是號稱其水質對於風溼、關節疼痛或是呼吸道疾病具有神奇的療效。因此既然來有「溫泉之都」美名的布達佩斯，當然得好好安排一趟泡湯行程。

　　或許有些身障者對於泡湯仍會有所躊躇，但好消息是相較於亞洲強調皮膚保養的泡湯文化，匈牙利的溫泉浴場更為專注在醫療方面的研究。因為承襲羅馬時代士兵、傷患泡湯可以使患部更快痊癒的觀念，匈牙利人對於泡湯的愛更是無懼，時常可以看到即便雙腳無法行走、行動需要靠人協助的老先生老奶奶前來泡湯。許多溫泉業者也為了因應有這樣需求的旅客，在溫泉浴場內設置了坡道、升降梯、升降椅等無障礙設施，並且推出許多水中的復健療程。所以若是有因為行動不便許久沒有碰水的旅客更是應該前往體驗一下，也許因此愛上匈牙利布達佩斯也說不定。

191

必吃美食與必敗小物

Kiskakukk Étterem（1913 餐廳）

　　廣受部落客推薦的 Kiskakukk Étterem 餐廳，位於布達佩斯市區。鮮嫩肥美的鵝肝透過主廚道地的烹調方式，搭配特製貴腐酒醬，每一口都讓人食指大動。在法國，這樣厚切的鵝肝料理一盤可能都要上千元，但在布達佩斯的這間百年餐館裡僅不到臺幣三百元，無怪它會被譽為平價米其林三星餐廳。

INFO

Kiskakukk Étterem
- 開放時段：週一至週日 12:00 ～ 24:00。
- 地址：Pozsonyi út 12, Budapest
- 交通：搭乘電車 4、6 號線至 Jászai Mari tér 站。
- 官網：http://www.kiskakukk.hu/

TIPS

　　餐廳位於一樓，進出方便，並備有中文菜單。絕對不可以錯過鵝肝佐牛排、烤鴨腿和匈牙利米布丁，每一道都令人吮指回味。吃過該餐廳的料理後才知道，為何鵝肝醬會讓歐洲人為之著迷。在大快朵頤之後，平均一人花費約莫不到臺幣五百元，非常划算。

Lotz terem 咖啡館（Book Café-Lotz Hall）

　　Lotz terem 咖啡館隱身於安德拉什大街一棟現代風的書店內，有著文藝復興時期的華麗風格。出自建築大師 Karoly Lotz 之手的天頂壁畫與水晶燈飾相互襯托，金碧輝煌的感覺彷彿置身於 14 世紀皇家宴會大廳。在驚嘆同時，可選擇一個舒適的位置，點上一杯咖啡或一塊蛋糕，聆聽耳邊傳來鋼琴師現場演奏的美妙旋律。Lotz terem 咖啡館的下午茶不僅能豐富味蕾和視覺享受，更是兼顧到聽覺感官的好選擇。

INFO

Lotz terem 咖啡館
· 開放時段：週一至週日 10:00 ～ 22:00。
· 地址：Andrassy ut 39, Budapest 1061
· 交通：搭乘電車 4、6 號線至 Oktogon 站。

TIPS

　　咖啡館位於 Alexandra 書店內，需先乘坐電梯抵達二樓，再請服務生協助轉搭升降梯。

必敗

· 鵝肝醬（Libamáj）。
· 貴腐酒（Tokaji）。

TIPS

　　到訪歷經奧匈帝國榮光的匈牙利首都布達佩斯，除了遊覽許多歷史古蹟，感受歐洲泡湯文化外，千萬別錯過布達佩斯獨特的美食和咖啡館文化。燉牛肉湯（goulash）和紅椒（paprika）是匈牙利的代表食物，鵝肝也比法國便宜許多，都很值得一試。東歐在地小吃煙囪捲在匈牙利更便宜好吃。

　　此外，在匈牙利的咖啡館內用餐價位在歐洲也相對較為平價，所以若在行程的空檔中走累了，就挑家裝潢高雅、氣氛悠閒的咖啡館，進去喝杯咖啡吧。

193

附錄

PART 7

歐洲實用資訊

換匯

　　銀行、換匯所、郵局、部分飯店都有提供換匯服務。每個地方匯率不同，偶爾會收取高額手續費，最好事先確認清楚。

TIPS

　　部分國家使用自己的貨幣，但國內卻少有銀行有提供這類幣別的換匯服務，如：捷克使用克朗、匈牙利使用福林等。因此建議旅客以攜帶歐幣為主，再至當地銀行換匯，用多少即換多少。如果用臺幣或美金去換會有雙重匯差，較不划算。

退稅

在歐洲百貨公司、購物中心或超級市場購物等，門口有 tax free 標示的店家（未標示者，可在購買前詢問），皆可於結帳時直接向商店索取退稅單退稅  （Tax refund），若無當場索取，則無法退稅。目前歐洲處理退稅的公司主要為 Global Blue TAX FREE 和 Premier Tax Free，因此在多家商店消費後，可能拿到這兩種不同的退稅單。

通常規定為同一人，在同一家店購買非食品、酒類等商品，超過一定之金額，即可辦理退稅。退稅地點於離開歐盟國家之國際機場（海關）一併辦理。可退回現金或直接以信用卡退稅。

詳細退稅流程說明（每個國家機場的退稅程序可能略有出入，詳情請洽各國官網）：

1. 於可退稅商店購買物品後，向服務員要有購買物品明細之退稅單 Tax refund。
2. 於退稅單上填寫基本資料，如英文地址（包括城市、街道、門牌號碼）、護照號碼。
3. 抵達機場前先將所有退稅單依照退稅公司、物品金額整理好。
4. 若欲將購買物品放入大行李託運，在機場櫃檯辦理登機時（綁上行李條之前），向地勤人員表明要退稅。
5. 地勤人員會將已貼好行李條之行李連同登機證一併交還。此時，將行李拉到海關退稅處（Custom）將所有單據給海關蓋章。

   海關偶爾會要求開箱抽檢、核對物品，切記手上不可攜帶任何購物紙袋。否則可能會使海關誤認為手上仍持有退稅物品，因而拒絕蓋章。
6. 蓋完章後將行李拖回機場櫃檯交給原來辦登機的地勤人員，請其協助將託運行李送進輸送帶。
7. 依序安檢、出關（移民海關），在機場裡的 Tax Free 櫃檯排隊領取退稅的錢。

TIPS

排隊退稅

退稅想領現金，又怕機場領退稅時排隊的人龍？在購物時可注意是哪一家退稅單，直接分開購買、整理，或者選用信用卡退稅，退稅時速度更快。

如果擔心自己在同一店家內無法買足該店家的退稅標準，購物時可和同行者一塊結帳，同享退稅優惠。

197

公共廁所

在歐洲，到車站、地鐵站、公園、餐廳、咖啡店使用公共廁所都有付清潔管理費的習慣，一般費用約為 0.2 ～ 1 €。

	廁所	女用	男用
英文	Toilet ／ Restrooms	Women	Men
德文	Toilette	Damen ／ Frauen	Herren ／ Männer
義大利文	Gavinetto ／ Toilette	Donna	Uomo
法文	Toilettes ／ Sanitaires	Femme ／ Madame	Homme ／ Monsieur
捷克文	Toaleta	Z ／ Ženy ／ Damy	M ／ Muži ／ Pani
匈牙利文	Mosdó	Nők ／ Női	Férfi

車站裡的身障廁所（Eurokey）

歐洲各大火車站架設了對身障者非常有幫助的行動身障廁所—— Eurokey，由於公共廁所在火車站、博物館、電影院等地方經常遭到有心人士破壞，所以 Eurokey 的設置不僅可保護該項衛生設施，還提供身障者自助式輔助設備。只要身障者事先於官網上登入後即可使用，非常便利。且有事先登入者，不需額外收費（若無則需繳 1 €左右的費用）。目前在德國、瑞士、奧地利、捷克等國家的各大火車站都可以看得到這樣貼心的設施。

· 欲查找行動身障廁所的位置可上 Eurokey 官網或下載行動 APP：http://www.eurokey.ch/

廁所
　　有些餐廳的廁所位於地下室，不方便使用。反而是車站、百貨公司和博物館等的廁所較為寬敞，容易抵達。且這些大景點內的廁所通常不會另外收費，可以多加利用。出門在外，為避免出遊找不到廁所，可事先找好並安排於行程中，或考慮使用尿布或可攜式尿袋。

租車

　　雖然歐洲城市之大眾運輸相當方便，幾乎涵蓋了所有旅遊景點。但偶爾旅客想轉戰一些較難抵達的鄉間小路，在歐洲來個小鎮旅遊，卻又不想煩惱乘車問題，可以改考慮租車。

省錢租車辦法
1. 歐洲以手排車為大宗，如果怕臨時租不到自排車的旅客，可事先上網預約與比價。
2. 國家是租車價格的關鍵因素。以同一間租車公司而言，在捷克租車會比在奧地利貴，奧地利又比匈牙利貴（捷克＞奧地利＞匈牙利＞瑞士＞德國＞斯洛伐克＞荷蘭＞法國＞西班牙），以此類推。有時在不同國家租車價差會高達 3 倍之多。
3. 避開大城市或改住郊區。通常大城市較難找到停車位，且停車收費較高。因此在大城市時，不妨改住有車位可停的郊區，改使用大眾運輸。

・ 實用租車比價網站：http://www.rentalcars.com/

　　只要避開車輛禁止進入的城鎮與路段，並且住在大城市的時間相對較少的話，開車的確可以使行程比較自由一些。

買不到的藥

藥品篇

　　雖然出門在外最好不要生病，且一些個人藥品也建議隨身攜帶。但偶爾仍會有遺漏、臨時用完等緊急事件發生。倘若突發狀況迫使真的得上藥局或醫院一趟時，可以攜帶本書所附的中外文對照表，以供不時之需。

中文	英文
	English
優碘	Betadine
感冒藥（普拿疼）	Panadol ／ Tylenol
止痛藥	Painkiller
暈車藥	Motion sickness pills
止癢藥	Anti-itch cream
止瀉藥	Antidiarrheal
胃藥	Antacid
凡士林	Vaseline

用品篇

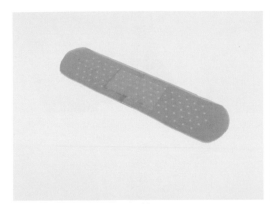

OK 繃
Bandaid

紗布
Gauze

人工皮
Hydrocolloid dressing（tegaderm）

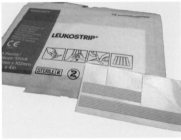

美容膠帶
Leukostrip

透氣膠帶
Breathable tape

繃帶
Bandage

醫療口罩
Surgical mask

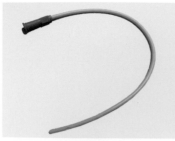

導尿管
Catheter

導尿袋
Urine collector

尿布
Diaper

棉棒
Q-tip ∕ Cotton swabs

消毒手套
Sterile gloves

生理食鹽水
Physiological saline ∕
Natural Saline

防蚊液
Insect repellent

痠痛藥膏
Pain relieving ointment ∕
Patch

病痛篇

中文	英文 English	德文 Deutsch	義大利文 Italiano	法文 Français	捷克文 Český	匈牙利文 Magyar
發燒	Fever	Fieber	Febbre	Fièvre	Horečka	Láz
頭痛	Headache	Kopfweh	Mal di testa	Mal de tête	Bolest hlavy	Fejfájás
頭暈	Dizzy	Schwindelig	Giramento di testa	Avoir des vertiges	Závrať	Szédülő
喉嚨痛	Sore throat	Rauer Hals	Mal di gola	Gorge irritée	Bolení v krku	Torokfájás
流鼻水／涕	Runny nose	Laufende Nase	Raffredore	Nez qui coule	Rýma／Výtok z nosu	Orrfolyás
鼻塞	Stuffy Nose	Laufende Nase	Raffredore	Nez encombré	Překrvení nosní sliznice	Eldugult orr
咳嗽	Cough	Husten	Tossire	La toux	Kašel	Köhögés
打噴嚏	Sneeze	Niessen	Starnutire	Éternuement	Kýchnutí	Tüsszentés
眼睛紅腫	Redness of the eyes	Rote Augen	Occhi rossi	Rougeur des yeux	Oční dráždivost	Bőrpír a szemét
紅腫	Swollen	Geschwollen	Gonfiore	Gonflé	Otok	Duzzadt
過敏	Allergy	Allergie	Allergia	Allergie	Alergie	Allergia
蚊蟲叮咬	Bug stings	Mueckenstich	Puntura di insetto	Piqûres d'insectes	Bodnutí hmyzem	Bogár csípése
癢	Itch	Jucken	Prurito	Démanger demangaison	Svědění	Viszket
割傷	Cuts	Schnittwunden	Tagliare	Coupures	Řezy	Vágás
燙傷	Scald／Burned	Verbrannt	Bruciatura	Brûlure	Opařenina	Forrázás／Égett
嘴破	Canker sore／Mouth ulcer	Mundgeschwür	Fiacca in bocca	Aphtes／Ulcère de la bouche	Recidivující afty	Üszög fájó

中文	英文 / English	德文 / Deutsch	義大利文 / Italiano	法文 / Français	捷克文 / Český	匈牙利文 / Magyar
流血	Bleed	Blutig	Sanguinare	Saigner	Krvácet	Vérzik
痠痛	Sore muscles / Muscle aches	Muskelkater	Mal di muscoli	Douleurs musculaires	Bolest	Izomlázat
腹瀉	Diarrhea / Loose bowels	Durchfall	Diarrea	Diarrhée	Průjem	Hasmenés
腹痛	Tummyache	Bauchschmerzen	Mal di pancia	Mal de ventre	Bolení břicha	Gyomorfájás
便祕	Constipation	Verstopfung	Costipazione	Constipation	Zácpa	Székrekedés
胃痛	Stomach ache	Magenschmerzen	Mal di stomaco	Maux d'estomac	Bolest žaludku	Gyomorfájdalom
生理期	Period	Periode	Mestruazioni	Règles	Měsíčky	—
生理痛	Period / Menstrual pains	Menstrualschmerzen	Dolori mestruali	—	Fyzická bolest	Menstruációs fájdalmak
發冷	Cold fits	Schuettelfrost	Brividi	Accès de froid frissons	Nachlazení	Hideg
中暑	Heat Stroke	Hitzeschlag	Colpo di calore	Coup de chaleur insolation	Úpal	Hőguta
抽筋	Cramps	Kraempfe	Crampi	Crampes	Křeč	Görcsök
扭傷	Sprain	Zerrung	Slogatura	Entorse	Vymknout	Rándulás
發炎	Inflammation	Entzuendung	Infiammazione	Inflammation	Zánět	Gyulladás
噁心 / 反胃	Nausea	Schwindel	Nausea	La nausée	Nevolnost / Nevolnost	Hányinger
吐	Vomit	Uebergeben	Vomito	Vomir	Zvracet	Hányás

特別感謝

謹以此書，獻給促成這趟歐洲壯舉的 Frank,
Yang 教授；百忙中抽空幫忙校稿的翁哥、阿
咪、乒乒、斯曼；提供美麗照片的阿姐、漁夫、
黃舒貓、Willy Lai、Emily、小風、昱維、維新、
童童等人。感謝所有親朋好友們大力的幫忙
與忍受被我各種騷擾。（鞠躬）

國家圖書館出版品預行編目資料

無障礙, 暢遊歐洲 / 貓栗 文‧攝影. -- 初版. --
臺北市：華成圖書, 2017.01
　面；　公分. -- (自主行系列；B6188)
ISBN 978-986-192-296-6(平裝)

1.自助旅行 2.歐洲

740.9　　　　　　　　　　　　　　105021682

自主行系列　B6188

無障礙，暢遊歐洲

作　　　者／貓栗
出 版 發 行／ 華杏出版機構

　　　　　　華成圖書出版股份有限公司
　　　　　　www.far-reaching.com.tw
　　　　　　11493 台北市內湖區洲子街 72 號 5 樓（愛丁堡科技中心）
　　　　　　戶　　　名　華成圖書出版股份有限公司
　　　　　　郵 政 劃 撥　19590886
　　　　　　e - m a i l　huacheng@email.farseeing.com.tw
　　　　　　電　　　話　02-27975050
　　　　　　傳　　　真　02-87972007
　　　　　　華 杏 網 址　www.farseeing.com.tw
　　　　　　e - m a i l　fars@ms6.hinet.net
　　　　　　華成創辦人　郭麗群
　　　　　　發 行 人　蕭聿雯
　　　　　　總 經 理　蕭紹宏
　　　　　　法律顧問　蕭雄淋‧陳淑貞

　　　　　　企 劃 主 編　蔡承恩
　　　　　　責 任 編 輯　陳淑燕
　　　　　　美 術 設 計　陳琪叡
　　　　　　行 銷 企 劃　林舜婷
　　　　　　印 務 專 員　何麗英

定　　　價／以封底定價為準
出 版 印 刷／2017 年 1 月初版 1 刷

總 經 銷／知己圖書股份有限公司
　　　　　　台中市工業區 30 路 1 號　　電話 04-23595819　　傳真 04-23597123

☺ 讀 者 回 函 卡

謝謝您購買此書，為了加強對讀者的服務，請詳細填寫本回函卡，寄回給我們（免貼郵票）或
E-mail至huacheng@email.farseeing.com.tw給予建議，您即可不定期收到本公司的出版訊息！

您所購買的書名/_____ 購買書店名/_____

您的姓名/_____ 聯絡電話/_____

您的性別/□男 □女　　您的生日/西元_____年____月____日

您的通訊地址/□□□□□_____

您的電子郵件信箱/_____

您的職業/□學生 □軍公教 □金融 □服務 □資訊 □製造 □自由 □傳播
　　　　　□農漁牧 □家管 □退休 □其他

您的學歷/□國中（含以下） □高中（職） □大學（大專） □研究所（含以上）

您從何處得知本書訊息/（可複選）

□書店 □網路 □報紙 □雜誌 □電視 □廣播 □他人推薦 □其他

您經常的購書習慣/（可複選）

□書店購買 □網路購書 □傳真訂購 □郵政劃撥 □其他_____

您覺得本書價格/□合理 □偏高 □便宜

您對本書的評價（請填代號/ 1.非常滿意 2.滿意 3.尚可 4.不滿意 5.非常不滿意）

封面設計_____ 版面編排_____ 書名_____ 內容_____ 文筆_____

您對於讀完本書後感到/□收穫很大 □有點小收穫 □沒有收穫

您會推薦本書給別人嗎/□會 □不會 □不一定

您希望閱讀到什麼類型的書籍/_____

您對本書及我們的建議/

廣 告 回 信
台 北 郵 局 登 記 證
台北廣字第000526號

免 貼 郵 票

華杏出版機構

華成圖書出版股份有限公司　　收

11493台北市內湖區洲子街72號5F（愛丁堡科技中心）
TEL/02-27975050

（沿線剪下）

（對折黏貼後，即可直接郵寄）

☺ 本公司為求提升品質特別設計這份「讀者回函卡」，懇請惠予意見，幫助我們更上一層樓。感謝您的支持與愛護！

www.far-reaching.com.tw　　請將　B6188　「讀者回函卡」寄回或傳真 (02) 8797-2007